BIBLIOTHÈQUE
DE PHILOSOPHIE CONTEMPORAINE

DIX ANNÉES
DE PHILOSOPHIE

ÉTUDES CRITIQUES

SUR

LES PRINCIPAUX TRAVAUX PUBLIÉS DE 1891 A 1900

PAR

LUCIEN ARRÉAT

SOCIOLOGIE — PSYCHOLOGIE
ESTHÉTIQUE
MORALE ET RELIGION. — LES DOCTRINES

PARIS
FÉLIX ALCAN, ÉDITEUR
ANCIENNE LIBRAIRIE GERMER BAILLIÈRE ET Cie
108, BOULEVARD SAINT-GERMAIN, 108

1901

DIX ANNÉES
DE PHILOSOPHIE

FÉLIX ALCAN, ÉDITEUR

AUTRES OUVRAGES DE M. LUCIEN ARRÉAT

Une Éducation intellectuelle, 1 vol. in-18, 1877.   2 fr. 50
Journal d'un philosophe, 1 vol. in-18, 1887.   3 fr. 50
La Morale dans le drame, l'épopée, et le roman, 1 vol. in-18 de la *Bibliothèque de philosophie contemporaine*, 2ᵉ édition, 1889.   5 fr. »
Psychologie du peintre, 1 vol. in-8 de la *Bibliothèque de philosophie contemporaine*, 1892.   5 fr. »
Mémoire et imagination (Peintres, Musiciens, Poètes, Orateurs), 1 vol. in-18 de la *Bibliothèque de philosophie contemporaine*, 1895.   2 fr. 50
Les Croyances de demain, 1 vol. in-18 de la *Bibliothèque de philosophie contemporaine*, 1898.   2 fr. 50

HIRTH. **Physiologie de l'Art**, 1 vol. in-8, traduit de l'allemand et introd. par L. ARRÉAT, 1892.   5 fr. »
HIRTH. **La Vue plastique, fonction de l'écorce cérébrale**, 1 vol. in-8, avec 34 planches photographiques, traduit de l'allemand par L. ARRÉAT, 1893.   8 fr. »
HIRTH. **Les localisations cérébrales en psychologie. Pourquoi sommes-nous distraits?** 1 vol. in-12, traduit de l'allemand par L. ARRÉAT, 1895.   2 fr. »

DIX ANNÉES
DE PHILOSOPHIE

ÉTUDES CRITIQUES

SUR

LES PRINCIPAUX TRAVAUX PUBLIÉS DE 1891 A 1900

PAR

LUCIEN ARRÉAT

SOCIOLOGIE — PSYCHOLOGIE
ESTHÉTIQUE
MORALE ET RELIGION. — LES DOCTRINES

PARIS
FÉLIX ALCAN, ÉDITEUR
ANCIENNE LIBRAIRIE GERMER BAILLIÈRE & Cie
108, BOULEVARD SAINT-GERMAIN, 108
—
1901
Tous droits réservés

AVANT-PROPOS

Ces aperçus sont établis sur l'analyse des plus récents ouvrages publiés en France et à l'étranger. Ils offrent donc, à cet égard, une sorte d'histoire de la philosophie dans ces dix dernières années. Mon dessein n'a été pourtant, ni d'écrire des essais historiques proprement dits, qui seraient vraiment trop incomplets, surtout pour la partie étrangère, ni de traiter dans les formes les questions résumées sous ces larges titres, — sociologie, psychologie, esthétique, morale et religion, doctrines. Il me suffirait d'avoir jeté sur ces différents sujets quelque lumière, en les considérant d'un point de vue qui permette mieux de les voir en leur ensemble.

Je n'ai pas cru devoir, à l'ordinaire, renvoyer le lecteur aux comptes rendus que j'ai donnés, soit dans la *Revue Philosophique*, soit dans le *Monist*, de la plupart des ouvrages mentionnés dans ce travail, bien qu'il s'y trouve des remarques ou des faits qui n'avaient pas ici leur place.

J'ai pensé encore devoir omettre certaines indications bibliographiques, qui auraient chargé inutilement nos notes.

L. A.

Juillet 1900.

QU'EST-CE QUE LA PHILOSOPHIE?

Une question qui a été posée plus d'une fois, et que des lecteurs novices s'étonneraient sans doute d'entendre formuler par des philosophes de profession, est celle-ci même : « Qu'est-ce que la philosophie? »

De ce vaste groupe d'études, en effet, qu'on appelait autrefois la philosophie, se sont détachées la psychologie et la sociologie, pour former des disciplines indépendantes. Celles-ci, d'ailleurs, en viennent à absorber l'esthétique et la morale, je dirais même la logique et la théorie de la connaissance, car tout se tient, et l'étude de l'esprit humain, considéré dans ses facultés comme dans ses productions, ne saurait être séparée, ni de la psychologie, qui envisage les consciences individuelles et cherche leurs racines dans le sous-sol physiologique, ni de la sociologie, qui montre les rapports que ces consciences ont ensemble et l'action qu'elles exercent l'une sur l'autre.

Si ces études, générales ou partielles, se pénètrent l'une l'autre en bien des parties, au point que les limites en semblent parfois indécises, elles forment cependant des groupes suffisamment distincts, et l'on ne voit pas très clairement, au premier abord, ce qui resterait à la philosophie ancienne, qui lui soit vraiment propre et n'appartienne à quelque science spéciale.

Mais, pourra-t-on dire, la philosophie, c'est toujours la série entière de ces études, autrement coordonnées. Une telle définition serait trop lâche, à mon avis, et en même temps pas assez compréhensive. Il nous faut alors aller plus loin et déclarer hardiment que la philosophie comprend aussi les sciences de la nature, astronomie, physique, chimie, biologie. Mais de quelle façon les comprend-elle ? Comment est-elle tout le savoir, sans être spécialement aucun savoir ? Ma réponse à cette question sera bien simple. La philosophie s'applique à toutes les branches de la science, parce qu'elle est une fonction de l'esprit : elle embrasse toute la science, parce qu'elle est une manière de penser le monde.

On peut distinguer, dans la science, deux sortes de résultats. Ce sont d'abord les *lois empiriques,* où nous avons l'expression la plus exacte possible de la réalité, et qui résument des faits donnés par l'observation directe : puis les *hypothèses rationnelles*, au moyen desquelles nous arrivons à grouper un plus grand nombre de faits, ou des séries de faits, sous une formule claire et précise.

Telles sont, par exemple, dans le chapitre de la lumière, les lois de la réflexion, de la réfraction, etc., d'une part, et de l'autre l'hypothèse de l'émission, remplacée plus tard par celle des ondulations. Ainsi toute expression qui dépasse l'empirisme garde un caractère conjectural, et n'est pas éloignée d'affecter encore — la conception atomique en est la preuve — un caractère philosophique. Conjecture et philosophie se tiennent. L'évidence de cette proposition est assez claire pour qu'il ne soit pas besoin d'accumuler les témoignages, et l'on en devine aussitôt toute la portée.

L'esprit humain, en effet, aspire constamment à dépasser l'observation immédiate. C'est par ce chemin que la science aboutit à la philosophie ; c'est pourquoi aussi la philosophie peut être considérée comme une fonction première de l'intelligence, et signifie, en quelque sorte, notre effort même vers la généralisation abstraite, qui est le moyen et l'objet de tout savoir.

Mais qu'est-ce que généraliser, si ce n'est

concentrer dans la vue de l'esprit la multitude des faits que l'expérience ne saisit que dans leur dispersion et par fragments, les concevoir avec leurs liaisons et les exprimer, autant qu'on le peut, en fonction les uns des autres ? Qu'est-ce enfin qu'un pareil travail de concentration mentale, si ce n'est vraiment penser le monde ?

Cette définition paraîtra peut-être singulière. Au fond, pourtant, la définition ancienne qui faisait de la philosophie « la science qui enseigne à chercher et apprend à découvrir la raison des choses », n'avait pas un sens très différent. Mais nous entendons autrement les conditions de cette « science philosophique », ses moyens et sa portée. La « raison des choses » se réduit, pour nous, à une conception idéale qui envelopperait ou recouvrirait la réalité sensible, et l'histoire de la philosophie ne marque plus, en somme, que la marche de l'esprit humain dans le champ illimité de la conjecture.

Selon Wundt[1], — et c'était aussi, à peu près,

---

1. W. Wundt, *Essays* (Leipzig, W. Engelmann, 1885). — Voy., pour l'exposé de la doctrine de Wundt, D. Mercier, *Les origines de la psychologie contemporaine*, ouvrage publié par l'Institut catholique de Louvain. Sur la définition de la philosophie, à noter le petit volume, clair et sensé, de Julius Baumann, *Die grundlegenden Thatsachen zu einer wissenschaftlichen Welt-und Lebensansicht*, etc. (Stuttgart, P. Neff, 1894).

la vue de Comte, — la philosophie poursuit le travail des sciences particulières ; elle coordonne les connaissances générales acquises, et, embrassant dans leur ensemble les résultats de l'expérience, en dégage une conception du monde et de la vie qui puisse satisfaire aux besoins de la raison et du sentiment. Sans laisser jamais de s'appuyer sur les sciences, elle peut aussi, elle doit même nécessairement franchir dans ses déductions les limites de l'expérience, afin d'achever la compréhension du réel.

Il n'est pas indifférent de faire remarquer que la philosophie demeure en dehors de la classification des sciences, telle que l'ont comprise la plupart des auteurs [1]. La raison en est que les classifications sont justement son ouvrage ; elle se distingue des connaissances parti-

1. Le travail le plus important qui ait été publié en France sur cette question est celui de M. Durand (de Gros), un des rares fidèles de la logique, trop négligée aujourd'hui, *Aperçus de taxinomie générale* (Paris, F. Alcan, 1899) : critique approfondie des quatre ordres taxinomiques possibles, soit l'ordre de généralité ou de ressemblance, l'ordre de composition ou de collectivité, l'ordre de hiérarchie, l'ordre de généalogie et d'évolution — ces quatre ordres (celui qu'on pourrait fonder sur la *finalité* aurait un caractère purement subjectif ou seulement pratique) étant considérés dans l'expression que chacun donne des faits et dans les rapports qu'ils ont l'un avec l'autre.

Je noterai ensuite deux essais d'une classification des sciences, celui de M. Raoul de la Grasserie, celui de M. Edmond Goblot, et quelques pages encore de M. Adolphe Coste, dans un ouvrage

culières qu'elle entreprend de coordonner, en constatant que sa fonction, en partie du moins, est d'y pourvoir.

La définition donnée par M. Paul Janet dans

de sociologie mentionné plus bas. Si l'on veut bien réfléchir — je dois me borner ici à cette simple observation — à ce que serait la connaissance parfaite, et convenir aussi que nos sciences n'en sont jamais que l'expression incomplète et provisoire, on concevra qu'une classification des sciences achoppe toujours à la difficulté d'accorder ensemble les divers points de vue d'où il est possible de considérer les choses. Elle doit du moins, ce me semble, satisfaire aux conditions figurées dans le diagramme ci-dessous :

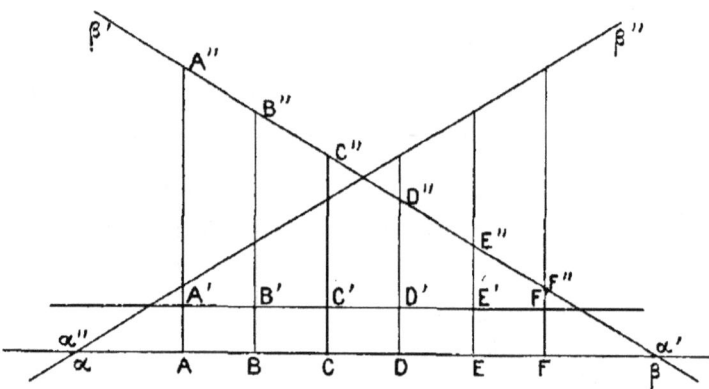

Soit A, B, C, D, E, F la série des sciences, dont je ne discuterai pas la définition et l'ordonnance. $\alpha\beta$ représentera l'ordre d'évolution (évolution naturelle des faits et évolution historique selon Comte) ; $\alpha'\beta'$ l'ordre de généralité croissante ; $\alpha''\beta''$ l'ordre inverse de complexité croissante. A'B'C'... signifiera le plan ou étage concret. A"B"C" seront nos sciences générales, sommet d'une hiérarchie. Resterait à esquisser la distribution intérieure de chaque science ; les sciences d'application, ou arts, étant laissés de côté, afin de ne pas surcharger cette figure très simple.

son dernier livre², ne définit vraiment pas la philosophie ; elle est déjà une philosophie, et traduit une doctrine personnelle. Je ne m'arrêterai pas maintenant à critiquer ou à justifier la métaphysique, qui est défendable aussi souvent que ses inductions gardent un caractère positif. Par malheur, nous ne manquons pas d'écrivains nouveaux qui s'attachent encore à édifier en l'air la « ville des oiseaux » d'Aristophane, et il semble que, pour quelques philosophes, la métaphysique existerait parce qu'elle serait la science des faits qui n'existent pas.

1. *Principes de métaphysique et de psychologie.* (Paris, Delagrave, 1897.)

SOCIOLOGIE

I

Le chapitre de la sociologie enferme des œuvres très diverses et traitant de sujets fort différents. Ce n'est pas seulement par leur matière qu'elles diffèrent, c'est aussi par leur méthode, c'est par l'idée que les auteurs se font d'une science des sociétés, et d'abord du fait social lui-même, qui est pourtant l'objet de leur étude.

Ainsi nous avons vu s'engager un long débat sur l'assimilation plus ou moins étroite des sociétés à des organismes vivants : analogie bien ancienne, par laquelle on rattache utilement la sociologie à la biologie, et qui suggère des rapprochements quelquefois justes, mais qui ne saurait tenir lieu de l'explication qu'elle annonce [1].

---

1. MM. Novicow, René Worms, J. Pioger, de Greef, sont, je crois, les derniers et plus fermes tenants de l'organicisme sociologique. A l'égard de cette analogie, chaque sociologue a d'ailleurs une attitude particulière, et il ne me semble pas nécessaire de marquer ici toutes les nuances.

Ainsi encore nous voyons des économistes déclarer vaines les tentatives des sociologues et affirmer la suffisance de leurs propres études ; la socio-géographie et l'anthropo-sociologie réclamer aussi la priorité pour leur discipline spéciale ; ou enfin — c'est la grande querelle de l'heure présente — des philosophes tels que M. Tarde, qui procède ici de Taine, chercher l'explication des faits sociaux dans l'analyse d'états psychologiques individuels qui seraient dès lors la vraie matière de la sociologie, tandis que d'autres comme M. Durkheim, fidèle en ce point à la conception de Comte, envisagent au contraire une société comme un être *sui generis*, ayant ses liaisons particulières et ses lois propres de développement.

Ces contradictions s'effaceront nécessairement dans la compréhension exacte de ce que peut être une science des sociétés ; et il serait étrange vraiment qu'on ne s'accordât pas à la définir. Qu'est-ce donc que constituer une science, — on ne saurait trop le répéter, — sinon établir comment certaines séries de faits varient en fonction de certaines autres, ou corrélativement avec d'autres séries, et formuler les lois de leur variation, quand il est possible de les dégager de la complexité des phénomènes ? Cette définition convient à l'astronomie, à la physique, à la chimie, et ne vaut pas moins, à ce qu'il me semble, pour la sociologie. Dès qu'on se place à ce juste point de vue, les difficultés factices où l'on achoppait s'évanouissent.

Deux questions, il est vrai, surgissent alors devant l'esprit : à savoir quelles seront, en sociologie, les séries de faits qu'il faudra considérer, et s'il n'existerait pas aussi une série plus générale, quelque fait social dominateur auquel les autres pourraient être rapportés. C'est du jour seulement, remarquons-le, où il a été donné à cette dernière question une réponse provisoire — avec la loi de Comte — que la sociologie a réclamé le titre de science indépendante et fixé sérieusement l'attention. L'effort de Comte marquait en effet la tendance philosophique des nouvelles recherches ; mais une telle simplification du problème, si désirable qu'elle parût, n'en était pas moins prématurée, ainsi que nous le verrons tout à l'heure en discutant les conditions d'une généralisation des séries historiques.

Arrêtons-nous d'abord à préciser l'objet et la matière même de la sociologie[1].

---

1. Le défaut théorique des doctrines dites socialistes est de supposer que la modification arbitraire d'un fait — concernant la propriété ou la famille — entraînerait nécessairement toutes

II

A première vue, il apparaît avec évidence que l'action des hommes réunis en société a donné des produits qui existent, une fois créés, en dehors d'eux-mêmes, et qui réagissent à leur tour sur l'individu, dont ils concourent à déterminer la psychologie. Et c'est par là que le passé exerce une influence sur le présent et sur l'avenir. Religions, lois et institutions civiles ou politiques, formation de collectivités distinctes, aménagement du sol et richesses mobilières, puissance militaire et relations commerciales, œuvres de l'art et de l'industrie, langues écrites, habitudes acquises, sont autant de créations du travail humain, qui se réalisent en une matière, s'incarnent en des personnes, se transforment ou passent en des actes. En un mot, ce sont des faits, et ces faits, qui sont vraiment des faits sociaux, composent autant de séries qui marchent ensemble et restent comparables l'une avec l'autre.

Je ne pense pas que les sociologues d'aucune école rejettent sérieusement cette manière de

les autres modifications qu'elles réclament ; elles anticipent des variations qu'elles n'ont pas le moyen de gouverner.

voir. Mais les uns vont au delà de ces faits, et les autres s'y arrêtent. Pour ceux-ci, comme pour Comte, la société dépasse la biologie, ou précède même la psychologie : cette dernière opinion est celle de M. Coste, que nous examinerons tout à l'heure.

Bref, la sociologie ne se confond pas avec les disciplines qui l'avoisinent. L'objet en est, selon M. Durkheim[1] par exemple, cette nouvelle « chose » qui résulte de l'association et affecte le caractère d'un système d'action commun, imposé aux membres d'une société : il faudra donc étudier le fait social du dehors, sans regarder à sa répercussion sur la conscience de l'individu ou au mode de penser individuel.

Ainsi, écrit M. Durkheim, l'entendait Comte. Mais il fut infidèle à sa propre méthode; il vit dans la société l'effet du développement individuel, et laissa le dernier mot à la psychologie, à son insu, pourrait-on ajouter, et sans le vouloir. On revenait à l'erreur de croire que les faits sociaux n'ont de valeur que dans nos idées et par nos idées, lesquelles seraient la vraie matière de la sociologie. L'idée de progrès est, en fait, l'objet de la sociologie de Comte; il définit l'é-

1. *Les règles de la méthode sociologique* (Paris, F. Alcan, 1895).

volution sociale par l'idée qu'il en a. Le sociologue, tel que l'entend M. Durkheim, n'a pas à s'occuper de la direction de l'évolution, mais seulement à mettre en évidence la relation définie qui existe entre un phénomène antécédent et un phénomène conséquent.

Lui-même, il a donné l'exemple des études à faire sur les variations, simultanées ou successives, des faits sociaux dans le détail. Je ne trouve pas de meilleur travail en ce genre dans notre littérature sociologique, que l'ouvrage vraiment remarquable, et qui peut passer pour un modèle [1], où il s'est appliqué à rechercher pour quelles causes le nombre des suicides varie dans les diverses sociétés et aux divers moments de la vie sociale, comment, en d'autres termes, il dépend de l'âge et du sexe, de la race ou du climat, de l'état de célibat, de veuvage ou de mariage, de l'institution du divorce ou du mariage indissoluble, de la discipline religieuse, des groupements corporatifs, des révolutions, etc.

Chaque fait, plus particulier encore ou plus général, comporte un semblable traitement. Nous avons abondance de travaux qui intéressent au moins la sociologie à titre de contribution utile,

1. Émile Durkheim, *Le suicide, Étude sociologique* (Paris, F. Alcan, 1897).

alors même qu'ils ne sont pas dirigés par la même méthode ; et ces travaux portent sur des sujets infiniment variés, — formes de la propriété et du mariage, modes de communauté primitive, institutions de corps de métiers et relations d'échange, rapports de la criminalité avec l'alcoolisme, etc.

Nous apprécierons plus loin la nature des résultats auxquels ces recherches peuvent conduire. Je ne veux maintenant que faire une réserve sur un ou deux points de la doctrine de M. Durkheim.

Dans sa crainte exagérée du subjectivisme qu'il reproche à Comte, M. Durkheim méconnaît, selon moi, le phénomène si évident de l'incorporation des états intellectuels dans chaque construction sociale. Nul doute que l'étude du fait de propriété ne saurait être remplacée par la

---

1. Telle est, en effet, la direction qui paraît s'imposer aux études. La période du dogmatisme et des généralisations à priori est passée. Mais, si les travaux de détail qui s'accumulent offrent l'aspect de la dispersion et du désordre, ils sont conduits en vue de préparer une solide synthèse, qui sera l'œuvre des générations qui nous suivront. La création récente (1898) de l'*Année sociologique*, publiée sous la direction de M. Durkheim, aidera puissamment à ce résultat. Les lecteurs trouvent, dans ce recueil, des analyses de tous les ouvrages et articles de revue de France et de l'étranger, pouvant intéresser la sociologie, analyses qui sont distribuées sous des titres spéciaux, de façon à constituer déjà par leur groupement des études cohérentes.

« psychologie du propriétaire. » Est-ce pourtant que les relations de causalité sociale n'impliquent pas, à un degré quelconque, les pensées et les sentiments des individus, les passions des partis, etc., ce que nous verrons M. Coste, non moins défiant du subjectivisme, appeler la « croyance », et placer au même rang que le « gouvernement » et la « production »? M. Durkheim, dans ses recherches sur le suicide, n'aboutit-il pas lui-même à une explication morale, quand il le fait dépendre du sentiment d'instabilité où tombe l'homme que n'encadre assez solidement aucune institution sociale ?

Le sens de l'évolution, d'autre part, importerait-il aussi peu au sociologue, que le veut M. Durkheim? Ne faut-il pas tenir compte, dans l'explication causale, d'une certaine orientation de l'événement? Ce sont là des questions auxquelles nous devons donner une réponse, et nous y serons naturellement conduits en discutant de près la doctrine adverse, qui est celle de M. Tarde.

III

Répétition, opposition, adaptation : ce sont là,

écrit M. Tarde[1], « les trois clefs différentes dont la science fait usage pour ouvrir les arcanes de l'univers. » Le progrès scientifique, remarque-t-il, a consisté « à partir de répétitions uniques ou en très petit nombre, gigantesques et apparentes, pour aboutir à une infinité d'infinitésimales similitudes et répétitions, réelles et élémentaires, qui d'ailleurs, en apparaissant, ont donné l'explication des premières. » Et cette remarque ne convient pas seulement aux répétitions, elle s'applique aussi aux oppositions et aux adaptations : elle revient en somme, ajouterai-je, à constater les progrès constants de l'analyse, qui seule prépare et permet des synthèses plus larges, plus exactes.

La même marche s'observe donc partout, dans la sociologie comme dans l'astronomie, la botanique ou la zoologie. De même, en effet, que la science a substitué, à l'apparence de la rotation du ciel tout entier, la réalité d'une multitude de petites rotations ; de même, aux cycles historiques admis par Platon, Aristote fit succéder des répétitions de détail, souvent vraies, et l'on a distingué, depuis, l'évolution partielle de quelques grands faits, famille, propriété, etc., qu'il est

---

[1]. *Les lois sociales*, Esquisse d'une sociologie (Paris, F. Alcan, 1898).

loisible de décomposer encore en faits secondaires.

Mais M. Tarde ne s'arrête pas là ; il veut atteindre les « répétitions élémentaires », qui sont pour lui « l'action d'un esprit sur un autre esprit. » Les lois de la *répétition imitative* seraient ainsi à la sociologie ce que les lois de l'*habitude* et de l'*hérédité* sont à la biologie, les lois de la *gravitation* à l'astronomie, les lois de l'*ondulation* à la physique.

Même remarque, avons-nous dit, et même conclusion pour les oppositions et les adaptations. Aux oppositions grossières, par exemple, de la vie et de la mort, de la jeunesse et de la vieillesse, en biologie, ont succédé les infinitésimales oppositions de l'oxydation et de la désoxydation de chaque cellule, du gain et de la dépense de force, sous les formes de la « lutte » ou du « rythme », en même temps que l'on découvrait aussi des dissymétries plus profondes : telles les dissymétries fonctionnelles des deux hémisphères cérébraux. En sociologie, on a considéré la *concurrence* après la *guerre*, la *discussion* après la concurrence. L'opposition sociale « élémentaire » se trouve enfin au sein de chaque individu, toutes les fois qu'il hésite entre deux directions contraires. En tant que rythme, l'opposition sert à la répétition directement, à la variation indirectement; en tant que lutte, elle provoque l'adaptation. Et celle-ci est le plus profond aspect sous lequel la science envisage l'univers. A l'immense adaptation géocentrique a succédé l'harmonie partielle du système solaire, des planètes avec leurs satellites, etc. De même, le « drame unique » auquel Comte ramenait l'histoire a fait place aux « drames sociaux » de Spencer, et ceux-ci doivent se résoudre à leur tour dans l'adaptation sociale élémentaire, qui est celle de deux hommes dont l'un enseigne et dont l'autre apprend, dont l'un commande et dont l'autre obéit, — ou, plus profondément encore, celle de deux idées dans le cerveau d'un même individu. « Au fond de toute association entre hommes, nous dit M. Tarde, il y a originairement association entre idées d'un même homme. »

Toujours, donc, nous arrivons à l'individu, au « cerveau de génie » qui invente et qui décide, et de qui tout procède, en un mot, à la psychologie individuelle ou collective. Le grand fleuve de l'histoire a une cause première, l'invention, — et aussi un terme dernier, la formation de personnalités supérieures. Telle est la vue principale de M. Tarde. Que vaut-elle pour la constitution d'une sociologie? Voilà toute la question

Si la science — c'est le premier point de notre définition, à laquelle le lecteur voudra bien se reporter — s'établit nécessairement sur la comparaison des faits sociaux, conduite en vue de montrer leurs variations simultanées et successives, le plus sage ne sera-t-il pas de prendre les faits tels qu'ils sont donnés, à l'état de masse et de résultats solidifiés, pour ainsi dire, sous la forme concrète des institutions ou sous la forme numérique des statistiques, abstraction faite des conditions psychologiques sous-jacentes?

M. Tarde ne reconnaît-il pas lui-même la valeur de ces faits, — dont on croirait parfois qu'il ne sait que faire, — en tant qu'ils sont le produit de l'activité individuelle « socialisée » et deviennent à leur tour, selon ses propres expressions, des facteurs importants de cette « psychologie collective », à laquelle il prétend réduire la science des sociétés?

Pour le second point, qui est de formuler les lois de variation des faits sociaux, sa doctrine semble interdire l'ambition de découvrir de telles lois, qui ne seraient pas de simples lois psychologiques. Il répugne à concevoir des lois de l'histoire. Mais c'est un débat auquel nous reviendrons, en discutant avec un autre auteur l'opposition des points de vue statique et dynamique, de la sociologie et de l'histoire. Restons-en maintenant aux analogies invoquées par M. Tarde.

Ces analogies sur lesquelles il se fonde, ces faits qu'il dit élémentaires, l'imitation d'un homme par un autre homme, l'opposition et l'adaptation de deux idées dans le cerveau d'un même individu, peuvent-ils vraiment, en tant que faits ultimes d'analyse, avoir le même rôle et rendre le même service dans la sociologie, que la gravitation dans l'astronomie, l'ondulation de l'éther ou l'équivalence mécanique de la chaleur dans la physique? Je ne le pense pas. Ce que M. Tarde réussit à mieux faire voir, c'est, d'une part, le rôle du facteur individuel et la valeur des situations psychologiques qui se traduisent en états sociaux ; mais la description de ces situations ne saurait suppléer celle des états en lesquels elles se transforment, et les états sociaux ont une nouveauté et une qualité d'existence, par rapport aux situations individuelles, que les faits physiques les plus complexes ne présentent jamais par rapport aux faits élémentaires de vibration, d'arrangement moléculaire, de transformation de chaleur et de travail. L'admission même de la doctrine de M. Tarde ne nous dispenserait point d'appliquer à l'étude des faits sociaux des méthodes qui demeurent étrangères à l'étude des faits de la psychologie, si légitime que puisse être, à quelques égards, la considération de la science sociale comme psychologie collective.

Ce que M. Tarde, d'autre part, a voulu mettre en lumière, c'est la relation des forces psychologiques avec les autres formes d'énergie de l'univers. Nous examinerons plus loin cette relation. Voyons d'abord l'application de sa doctrine à un fait déterminé, les transformations du pouvoir.

IV

M. Tarde a indiqué lui-même avec ampleur, sinon toujours avec une clarté suffisante, cette application de sa doctrine générale au côté gouvernemental des sociétés[1]. Il a tenté d'expliquer les changements d'ordre politique par les lois de l'imitation, de la répétition et de l'opposition, et de ramener ces changements aux raisons individuelles, qui sont pour lui, nous venons de le voir, la vraie matière de l'histoire.

Cournot concevait le développement historique

---

1. *Les transformations du pouvoir* (Paris, F. Alcan, 1899).

comme un ordre qui se fait avec du désordre, comme l'assimilation harmonieuse d'une suite de hasards greffés les uns sur les autres ; mais il a méconnu, selon M. Tarde, leur nature propre, qui est d'être des initiatives individuelles. Quant au côté régulier ou coordonné des faits sociaux, Cournot a cru le voir dans certaines vagues tendances générales, alors que la régularité éclate seulement, toujours au dire de son demi-disciple, dans le menu détail des faits de la vie sociale, « dans ces répétitions à peu près identiques d'actes tout pareils, d'idées toutes pareilles, qui, à partir d'une initiative donnée, rayonnent dans tous les sens, se heurtant ou s'alliant à des rayonnements différents, émanés d'autres foyers. »

Que l'individu soit, en dernière analyse, le moteur social, personne ne le nie. Mais s'ensuit-il que la psychologie puisse suppléer de tous points l'investigation sociologique ? Lorsqu'on dit, par exemple, que « le pouvoir suit la propriété », on exprime là une relation objective, et la constatation d'un pareil fait a une sérieuse importance pour la pratique aussi bien que pour la théorie. C'est tout autre chose d'y relever, avec M. Tarde, le rôle de l'imitation, et de marquer l'accession des inférieurs au pouvoir par ce trait psychologique, — qu' « ils s'assimilent davantage à leurs maîtres en les imitant ». Ce trait concerne le mécanisme moral de l'opération, mais il ne la qualifie pas comme fait politique.

M. Tarde critique d'ailleurs, et non sans quelques bonnes raisons, les rapports établis entre la propriété et le pouvoir. S'il est difficile, nous le lui accordons, de ramener toujours les changements de forme politique aux modes de possession du sol ou du capital, il reste vrai pourtant que l'hypothèse n'en est point sans fondement ; et puisqu'il n'est pas douteux, il le déclare lui-même, que « si la propriété n'eût pas évolué, l'évolution du pouvoir n'eût pas eu lieu », il est non moins certain que la corrélation constatée dans l'ensemble doit avoir son expression dans le détail. En tous cas, je n'ai choisi cet exemple que pour marquer une fois encore la différence de l'étude qui nous apparaît comme vraiment sociologique, d'avec celle à laquelle M. Tarde prétend nous borner.

Lorsqu'il s'applique à montrer qu' « il existe un rapport inverse entre l'influence politique ou sociale de la noblesse et celle des villes », et que « les patriciats déclinent à mesure que les grandes villes naissent », il se trouve qu'il fait justement de la sociologie comme l'entendent ses adversaires. Qu'un pareil rapport soit démontré, et le sociologue aura là un résultat qui lui suffit, indépendamment des considérations intéressantes que peut fournir la psychologie sur l'état intime des molécules individuelles qui entrent dans ces combinaisons sociales. Je remarque en passant, que, dans les chapitres remarquables consacrés aux « noblesses » et aux « capitales », M. Tarde est très sobre d'explications psychologiques. Et quand il aurait scruté tous les sentiments qui agitent le cœur de l'homme dans les situations qu'il décrit, que saurions-nous de plus sur ces situations mêmes, envisagées comme des phénomènes sociaux ?

V

La doctrine de M. Tarde me semble donc être, en quelque sorte, extérieure à la sociologie. Elle ne saurait dispenser au moins des études exactes dont nous parlions précédemment. Certains faits même échappent à sa prise, le *milieu* et la *race*, par exemple, dont la considération a pris tant d'importance en ces dernières années. On pourra penser, avec cet auteur, que « le génie d'un peuple, au lieu d'être le facteur dominant et supérieur des génies individuels qui sont censés être ses rejetons et ses manifestations passagères, est tout simplement l'étiquette commode, la synthèse anonyme de ces originalités personnelles, seules véritables, seules efficaces et agissantes à chaque instant », sans méconnaître toutefois que l'hérédité, cette « forme proprement vitale de la répétition », comme il le dit encore, doit exercer quelque influence sur la production ou sur la qualité de ces individus exceptionnels. Mais je n'ai pas à discuter ici expressément la question de race, je me borne à relever la position des sociologues.

La modification de l'habitat par le travail de l'homme, ou de l'homme par l'habitat, est un fait ; l'influence des croisements sur une population, comme celle de l'élément ethnique sur la destinée des empires, sont également des faits. Qu'on en tienne plus ou moins compte, qu'on en déprécie ou surestime l'efficacité, il n'est pas possible pourtant de les abolir, et nous voyons en effet que leur étude spéciale a donné naissance à ces théories qu'on nomme aujourd'hui la *socio-géographie*, dont je ne trouve pas en France de complet représentant [1], et l'*anthropo-socio-*

---

[1]. Je citerai pourtant M. Mougeolle et sa « loi des latitudes »,

logie, à laquelle s'attachent chez nous les noms du comte de Gobineau, de MM. de Lapouge, Durand (de Gros)[1] etc.

M. Ch. Mismer[2] est, avec ceux-ci, l'un des premiers et plus fermes défenseurs de la théorie sociologique qui se fonde sur la race et l'hérédité. M. G. Le Bon cherche, à son tour, la loi suprême de l'évolution dans la loi de constitution mentale de chaque race ; mais sa pensée demeure assez confuse, par suite d'une continuelle équivoque, soit entre la race et le caractère historique, soit entre l'intelligence et le caractère[3]. M. Xénopol[4] découvre aussi dans

qui n'est guère solide. — En Allemagne, l'ouvrage le plus important est celui de Fr. Ratzel.

1. Gobineau, dans son livre *De l'inégalité des races humaines*, paru en 1853 et réimprimé en 1884, expliquait la grandeur et la décadence des peuples par la présence ou l'usure des éléments de race supérieure. — Il s'est fondé en 1895, en Allemagne, une *Société Gobineau* (*Gobineau-Vereinigung*), dont le siège social est à Freiburg-in-Brisgan. L'anthropo-sociologie est représentée principalement, en Allemagne, par M. O. Ammon ; en Angleterre, par M. Closson, disciple de Lapouge, etc. Ces savants, et d'autres encore, ont recueilli des données anthropologiques précises, formulé quelques lois. Voir l'exposé de la question dans l'*Année sociologique*, 1re et 2e année (Paris, F. Alcan, 1898, 1899).

2. *Principes sociologiques*, 1re édition (Fischbacher, 1882), 2e édition (F. Alcan, 1898).

3. *Lois psychologiques de l'évolution des peuples* (F. Alcan, 1894). Voyez *The Monist*, literary correspondence, april 1895.

4. *Les principes fondamentaux de l'histoire* (Paris, E. Leroux, 1899).

la race un des « facteurs constants » de l'histoire. Selon lui, elle est un ensemble de qualités naturelles, immuables, tandis que le caractère historique est le résultat d'événements répétés sur le caractère organique ; l'un et l'autre conditionnent l'évolution, mais ils ne la déterminent pas ; l'évolution est due au mouvement de l'esprit, seul élément actif, dans la limite variable de ces deux conditions, — le caractère foncier, puis le milieu, qui contrarie plus ou moins ou favorise les tendances profondes de la race.

Les adversaires ne sont pas moins nombreux et l'on compte parmi eux MM. Durkheim, Novicow, Lacombe, Fouillée, Coste[1]. M. Novicow arrive à cet excès de soutenir l'égalité virtuelle des races, et de laisser tout dépendre des circonstances, du milieu, des conditions historiques, à l'exclusion des conditions ethniques. A cela il est trop aisé de répondre que les peuples ont créé, en partie au moins, les

---

1. E. Durkheim, *Les règles de la méthode sociologique*. — *De la division du travail social* (Paris, F. Alcan, 1893). — J. Novicow. *L'avenir de la race blanche* (F. Alcan. 1894) — L. Lacombe, *De l'Histoire considérée comme science* (Paris, Hachette, 1894). — A. Fouillée, *Psychologie du peuple français* (F. Alcan, 1898). — Ad. Coste, *Principes d'une sociologie objective* (F. Alcan, 1899).

circonstances qui interviennent ensuite dans leurs destinées. La part de l'accident paraît bien faible quand on considère, par exemple, l'évolution parallèle de l'Angleterre et de la France depuis le XVIIe siècle, et nous ne saurions imaginer la substitution d'une race à une autre dans le même milieu — du nègre au blanc, si l'on veut, ou de l'Espagnol au Chinois — sans modifier du même coup le cours des événements.

M. Durkheim, plus réservé que M. Novicow, déclare seulement ne connaître « aucun fait social qui soit placé sous la dépendance incontestée de la race. » Il semble préoccupé surtout — je le dirais également de M. Coste, un esprit prudent, en garde contre les doctrines absolues — d'éliminer de la sociologie la race et le milieu, comme étant des éléments « incalculables », dont l'importance d'ailleurs décroît sans cesse en regard de celle des facteurs moraux. Ainsi en juge M. Fouillée, qui s'est appliqué surtout à relever l'incertitude des données anthropologiques et à critiquer les déductions fondées sur elles.

Cette élimination, à mon sens, n'est pas légitime ni possible. Aucun facteur social ne doit être omis dans nos recherches comparatives, et ces recherches seules permettront de déterminer plus exactement la valeur de l'élément ethnique, valeur qui est variable sans doute au cours du temps et selon les faits qu'on étudie. Ce que nous ne pouvons accepter pourtant, c'est la réduction anticipée de l'histoire à quelque élément unique, à quelque fait dominateur, comme le fut déjà le climat pour Montesquieu, et c'est ici un aspect différent de la question.

VI

Il était naturel que les sociologues de la première heure s'appliquâssent, en vue de simplifier les choses, à découvrir une série de faits privilégiée, à laquelle les autres séries pourraient être rapportées. En même temps que Montesquieu indiquait le climat, les économistes du dix-huitième siècle en appelaient à la production et à la distribution des richesses. Buckle et Herder ont marché depuis dans les voies de Montesquieu, et nous avons, aujourd'hui encore, des économistes qui prétendent faire tenir toute la science sociale dans leur science particulière.

Comte, après Turgot et Saint-Simon, considéra l'histoire d'un plus large point de vue. Il prit le fait générateur de l'évolution historique dans l'intelligence[1], c'est-à-dire dans la psychologie, quoique d'ailleurs il entendît conserver au phénomène social un caractère objectif, indépendant. Sa « loi des trois états » a gardé sa valeur, on peut le dire, en tant qu'elle résume l'évolution de la pensée scientifique, aux yeux de ceux-là même qui n'acceptent point qu'elle régisse, comme il le voulait, tous les ordres sociaux, de façon immédiate et sans nulle exception.

Aujourd'hui encore, M. Durkheim choisit pour principe d'explication la « division du travail », c'est-à-dire un fait d'économie politique ; M. Novicow[2], la « transformation de la lutte pour la vie », qui signifie l'aboutissement dans l'histoire humaine d'une loi biologique[3]. M. Coste, enfin, n'a pas résisté à la tentation d'indiquer à son tour un « moteur social », et ce moteur est pour lui la *population*. La pensée qui domine son récent ouvrage, est de réagir contre la doctrine psychologique, dont nous avons vu la dernière

---

1. De même M. Strada, dans *La loi de l'histoire*, etc. (F. Alcan, 1893). La succession des *méthodes* indiquée par M. Strada n'est guère qu'un nouvel aspect de la loi de Comte.
2. *Les luttes entre sociétés humaines*.
3. La loi de la lutte pour la vie, dont H. Spencer, Gumplowicz et d'autres sociologues ont voulu faire l'agent unique du progrès des sociétés, en même temps que des naturalistes en exagéraient l'action dans le monde animal même.

expression avec M. Tarde ; celle qu'il nous offre lui-même porte sur deux points principaux, qui méritent d'être discutés.

M. Coste sépare nettement les faits sociologiques des faits psychologiques, — moraux, esthétiques, etc. ; ceux-ci constituent pour lui une science distincte, l'idéologie, qui se superposerait à la sociologie, au lieu de la précéder. Afin d'effectuer cette séparation, il a jugé nécessaire d'établir d'abord, et que les phénomènes idéologiques sont d'un autre ordre que les phénomènes sociologiques, et qu'il n'existe pas de corrélation évidente entre les deux. Thèse discutable, à mon sens, au moins en sa seconde partie, ce qui ne m'empêche pas de reconnaître que certains auteurs, Taine par exemple, ont exagéré ou mal compris le degré et la nature de cette corrélation. M. Coste déclare lui-même que la socialité est une condition de la mentalité, et il serait vraiment singulier qu'il n'existât pas des relations réelles, peut-être assez constantes, entre un état social donné et les manifestations intellectuelles qui s'y révèlent, manifestations dont la « croyance » — à laquelle il assigne une valeur essentielle — n'est qu'un aspect. Leur exclusion du domaine de la sociologie ne me paraît pas justifiée suffisamment par le danger où l'on est d'exagérer l'importance de leur réaction sur la vie sociale, non moins certaine que leur dépendance. Il n'était pas besoin, en un mot, de nier les rapports étroits des faits intellectuels et des faits sociaux, pour séparer la sociologie de l'idéologie. Il ne fallait que distinguer plus nettement entre l'idéologie vécue, qui est seule matière sociale, et la discipline qu'elle comporte. Celle-ci, je veux dire la théorie proprement psychologique des faits religieux, moraux, esthétiques ou scientifiques, poursuit un objet spécial et n'intéresse pas plus la science des sociétés que ne le saurait faire la physiologie, individuelle ou générale.

Le second trait marquant de la doctrine de M. Coste est qu'elle met en relief, avons-nous dit, un fait social objectif, la *population*, qui prend ici un rôle nouveau [1] et considérable. Elle est pour lui le moteur social, en d'autres termes, le fait prépondérant dont relèveraient, en dernière analyse, le gouvernement, la croyance, la production, le « phénomène fondamental et initial » qui en déterminerait, au sein de chaque peuple, la « diversification progressive ».

---

[1]. M. Achille Loria, et d'autres encore, ont signalé l'importance de ce fait, mais sans la justifier peut-être aussi expressément.

L'importance de la population n'est pas niable, et M. Coste la relève avec raison, en s'appuyant de preuves sérieuses. Mais ceci n'implique point, il me semble, que la densité de la population soit un facteur absolument premier ; et, si la fortune d'un peuple dépend de la grandeur et du nombre de ses villes, la formation des grandes cités n'est pas pour cela un événement fortuit, sans lien quelconque avec l'habitat ou le caractère national, par exemple, et leur action, favorable ou non, dépend aussi de causes diverses qu'il importerait de débrouiller.

Supposons qu'on transportât en Angleterre la population espagnole, et qu'on l'y distribuât dans les mêmes cadres que le génie anglo-saxon a tracés, quel serait le résultat ? La croissance des villes — et sans discuter maintenant à quel degré elle serait un mal — amène-t-elle partout les mêmes conséquences, ou correspond-elle, à chaque moment, à la même situation politique? De pareilles questions, qu'on pourrait étendre et préciser davantage, dénoncent une « inconnue » dans notre problème [1]. Je ne crains pas d'ajouter que les « causes morales » ont aussi, au

1. Je me hâte de signaler la seconde partie de l'ouvrage de M. Coste, qui vient de paraître sous le titre de l'*Expérience des peuples et les prévisions qu'elle autorise*. On y trouvera

moins à certaines heures de l'histoire, plus d'importance que ne leur en accorde M. Coste. Dans l'état respectif de la France d'aujourd'hui, et de l'Angleterre ou de l'Allemagne, par exemple, la population ne me paraît pas exprimer le phénomène prédominant. J'estimerais donc qu'elle est un fait comme un autre, dont la corrélation avec les divers événements sociaux devra être analysée avec soin ; mais j'hésiterais à lui attribuer un rôle aussi décisif et un rang si décidément privilégié.

Est-il d'ailleurs vraiment nécessaire à la constitution d'une sociologie positive, qu'on soumette le progrès, soit à la succession des états intellectuels avec Comte, soit à l'avénement des hommes de génie ou à la découverte des arts et des procédés techniques avec M. Tarde ou M. Espinas[1] ? Je ne le pense pas ; et, de toute manière, si l'on ambitionne de formuler cette « détermination essentielle de l'évolution sociale » dont nous parle M. Coste, il faudra chercher

des faits nouveaux et les moyens d'une discussion plus approfondie. Ai-je besoin de dire que, ces réserves faites, je ne conteste nullement l'intérêt de la *statistique sociométrique* proposée par l'auteur ? Ajoutons qu'il a été conduit par la méthode même dont nous rappelons les exigences, et qu'il a réussi à formuler des lois sociologiques nouvelles, c'est-à-dire à établir des corrélations historiques restées jusqu'ici à peu près inaperçues.

1. *Les origines de la technologie* (Paris, F. Alcan, 1897).

toujours au delà de la population. Mais ce n'est plus alors un problème de sociologie proprement dite, c'est déjà, peut-être, une question de philosophie générale qu'on aborde.

VII

Nous avons employé indifféremment les mots *histoire* et *sociologie*. Ils ne sont pas synonymes pour tous les auteurs. Ainsi M. Xénopol réclame pour l'histoire des facultés qu'il refuse à la sociologie. Une discussion de son livre[1] vient ici à sa place ; elle nous permettra d'éclaircir une difficulté que nous n'avons pas abordée encore, et de compléter sur quelques points l'exposé des pages précédentes.

La critique de M. Xénopol se fonde sur le contraste que présentent les faits de coexistence et les faits de succession ; contraste qui apparaîtra assez clairement à l'esprit, si l'on compare les phénomènes étudiés par la chimie ou par la psychologie, par exemple, à ceux dont traite la géologie ou la linguistique. Ainsi l'histoire constituerait, en somme, non pas une science par-

---

1. Voy. mon compte rendu de cet ouvrage, in *Revue philosophique*, février 1900.

ticulière et unique, mais bien un des deux modes de la conception du monde, le mode successif en regard du mode coexistant. Les sciences historiques — de la matière ou de l'esprit — n'auraient pas pour objet d'établir des relations de similitude et de coexistence, comme le font les sciences théoriques, mais au contraire des relations de différence et de succession. Ces dernières relations, enfin, ne seraient pas des lois proprement dites, c'est-à-dire l'expression d'une régularité qui ne dépend pas du temps. Si pourtant il existe aussi en histoire des généralités sur lesquelles le temps n'a aucune prise, et qui se répètent indéfiniment tout en produisant des faits nouveaux, les lois dont ces généralités dépendent s'incorporent, cette fois, dans les « circonstances »; et, tandis que les circonstances sont « permanentes » dans la coexistence, elles sont toujours « changeantes », au contraire, dans la succession, — d'où il résulterait, écrit l'auteur, que « les lois abstraites de la succession ne peuvent jamais donner naissance à des lois concrètes de production des phénomènes » permettant de les « prévoir » comme le font, dans leur domaine respectif, l'astronome, le physicien, le chimiste, ou même l'économiste.

Bref, M. Xénopol accepte, sous le nom de sociologie, une *sociologie statique,* bornée à ce qu'il appelle les « lois de manifestation » des faits sociaux, — en d'autres termes, à l'étude des relations qu'on peut découvrir, à un moment donné, entre les événements ou les institutions : telle la monographie du suicide que nous mentionnions plus haut. Mais l'histoire aurait seule droit à établir des « régularités dans la succession. » Et ces régularités ne seraient jamais les « généralisations de successions » proposées par la *sociologie dynamique*; généralisations, remarque l'auteur, d'où sont éliminées les « différences » qui sont pourtant le propre du développement historique [1] : elles ne se présenteraient que sous la forme de *séries historiques,* lesquelles « restent toujours uniques et particulières, dissemblables dans l'espace comme dans le temps, et ne possèdent donc pas le caractère des lois. »

M. Xénopol me paraît ici tomber dans une confusion. Il est justement pénétré, je le reconnais, de la nécessité qui s'impose à l'historien de localiser et individualiser, si j'ose ainsi dire, les actions humaines qui sont la matière de l'his-

---

[1]. « La répétition différenciée, écrit M. Xénopol à l'encontre de M. Tarde, voilà le fait du progrès ; l'élément différencié marque seul le développement historique ; la répétition de la partie similaire n'a point d'importance. »

toire racontée ; mais il commet l'erreur de vouloir soumettre aux besoins de la narration les procédés du sociologue ; il exagère la distinction qu'on peut faire du point de vue statique et du point de vue dynamique, de la coexistence et de la succession, dans les phénomènes sociaux : il crée enfin une opposition de fond entre les « séries historiques » et les « généralisations de successions », où il ne faudrait voir, à mon avis, qu'une différence de degré et de moyen.

Je ne blâmerai pas sa défiance à l'égard des entreprises souvent hasardeuses des sociologues. S'il est prématuré cependant, et vain sans doute, de courir à la découverte d'un fait qui dominerait l'histoire entière, il n'est pas déraisonnable le moins du monde de s'appliquer à mettre en évidence des évolutions partielles, — je dirais plutôt, des *séries sociologiques*, afin d'accuser plus fortement ma pensée[1]. Il se pourra que les moments principaux d'une série sociologique, telle que je l'entends, se trouvent réalisés dans des séries historiques différentes. Il se pourra aussi qu'une série historique déterminée présente en un

---

1. Je n'entends précisément, par là, ni les *espèces sociales* de M. Durkheim — intermédiaires entre la multitude confuse des sociétés historiques et le concept idéal de l'humanité ; ni les *séries indépendantes*, ou séries ethniques, de M. Le Bon.

plus haut relief quelque aspect particulier d'évolution, dans l'ordre intellectuel, économique, juridique, etc. Pourquoi serait-il interdit au sociologue de marquer ces évolutions et ces moments à travers la suite de l'histoire? C'est de vérités de cette sorte — il n'importe guère qu'on les nomme faits ou lois — que la sociologie est faite, en définitive, ou doit être faite. Elle ne saurait consister, ni dans la seule étude des facteurs constants et des forces directrices, intérieurs ou extérieurs à l'homme, ni dans celle des actions politiques enchaînées ensemble par le seul lien de la narration, se guidât-elle sur les plus solides inférences. Dans le premier cas, nous aurons la socio-géographie et l'anthroposociologie, disciplines d'un haut intérêt, nous l'avons vu, mais qui n'épuisent pas la science sociale, ou bien la psycho-sociologie, qui s'efforce vainement à la remplacer ; dans le second cas, nous aurons l'histoire proprement dite, l'histoire pragmatique : œuvre de littérature et de critique sous la plume du simple narrateur : préparation ou illustration d'une doctrine sociologique — expresse ou latente — aux mains de l'historien qui se pique aussi d'être philosophe.

L'historien ne se voit-il pas contraint, pour établir ses séries, de négliger certaines « différences » qu'il juge secondaires ? M. Xénopol ne recommande-t-il point lui-même de « trier » les faits qui méritent seuls d'être pris en considération dans la masse de ceux qui constituent le passé humain ? Le sociologue n'agit pas autrement quand il constitue ses séries sociologiques. Et si le passage, je suppose, de la polygamie à la monogamie lui apparaît avec évidence dans la plupart des séries historiques, l'énoncé de ce fait aura pour lui la réalité nécessaire, sans qu'il soit besoin de marquer le nombre des femmes que permettent les lois des diverses nations pratiquant la polygamie. Il importera au contraire, dans l'étude spéciale de la civilisation islamique, de noter que le Prophète des Musulmans réduisit à quatre le nombre des épouses permises au vrai croyant. Par là l'histoire — il serait aisé d'accumuler les exemples — me semble être la partie concrète de la sociologie ; elle perdrait sa physionomie véritable, dès qu'elle voudrait assumer une autre tâche[1].

---

[1]. A quel point les jugements du pur historien demeurent incertains et discutables, M. Xénopol nous en fournit lui-même une preuve, quand il attribue à un coup du hasard, à l'hiver de 1812, la chute de Napoléon. La mort subite de Périclès, frappé par la peste qui se propagea d'Asie en Grèce, fut un hasard. Mais Napoléon, malgré son génie, était le joueur qui finit toujours par perdre contre la banque tenue par le destin.

VIII

Un philosophe dont je n'ai pas encore cité le nom, M. de Roberty[1], a émis depuis longtemps des idées sur la sociologie, qui avoisinent celles de quelques autres écrivains. Sa théorie bio-sociale a été reprise, notamment, par M. Izoulet[2] : théorie « selon laquelle (je conserve ici la langue assez barbare, quelquefois obscure de l'auteur) la socialité, qui se combine avec la vitalité, précède nécessairement et engendre toute mentalité et tout psychisme supérieur, et selon laquelle aussi la morale forme l'essence, le résidu ultime du phénomène sociologique ».

Dans cette définition, on le voit, la sociologie est considérée, d'une part, comme antérieure à une partie de la psychologie : et le problème de la classification est résolu par M. de Roberty à peu près comme il l'est par M. Coste ; la socialité, d'autre part, est donnée comme synonyme de la moralité : et c'est par la primauté de l'altruisme, — du psychisme social, — qu'il serait vrai en somme que « les idées et

---

1. *La Sociologie* (Paris, F. Alcan, 3ᵉ éd.). — *L'Éthique*, 1) *Le bien et le mal* (1896) ; 2) *Le psychisme social* (1897) ; 3) *Les fondements de l'éthique* (1898).
La cité moderne (Paris, F. Alcan, 1894).

l'évolution des idées forment le contenu unique, la seule matière de la sociologie. »

M. de Roberty reproche à l'école psychologique, comme il le reproche à l'école économique, de n'avoir pas réussi à définir le moyen, ou le ressort, de l'évolution sociale. Il recourt donc à l'hypothèse d'une « psychicité » inconsciente et inintentionnelle, qui se dégagerait du mutuel contact des psychicités physiologiques et exercerait une influence directe sur la formation de nos idées, de nos sentiments, de nos volontés, — agents ou causes immédiates des phénomènes sociaux : et cette hypothèse expliquerait seule le mouvement qui emporte les sociétés vers des destinées nouvelles, par des changements à peine volontaires et souvent inaperçus.

Mais ceci ne revient-il pas à dire que le fait même de vivre en société exige l'action, continuée dans le temps, des consciences individuelles les unes sur les autres, et détermine ainsi un état toujours nouveau des sentiments et des pensées, état qui se manifeste par ces institutions de toute sorte, par ces événements positifs, où nous aurons toujours le véritable champ de la science qui nous occupe? Hors de là, cette « psychicité » ne serait qu'une entité incompréhensible, ou le vague symbole des volontés et des consciences personnelles, imprudemment dissoutes en une espèce de puissance aveugle et anonyme.

Ce que nous avons à retenir de ces vues, c'est la reconnaissance d'une finalité sociale et la définition du progrès par l'extension de l'altruisme. A vrai dire, ces pensées se trouvent déjà dans Comte, et elles reparaissent à peu près chez tous les auteurs : ils ne diffèrent entre eux que par l'idée qu'ils se font du mécanisme social de l'altruisme ou par le choix des signes qui le montrent avec évidence.

M. Mismer a cherché, au delà même de l'évolution intellectuelle, des principes capables de gouverner les phénomènes sociaux, et il a espéré les trouver dans la gravitation universelle. La *perfectibilité* et la *solidarité*, impliquées à ses yeux dans cette loi du monde physique[1], seraient le fait central de toute existence, organique ou inorganique. Chaque institution nouvelle serait, dès lors, estimée d'après sa conformité à ces principes, et la solidarité des mondes comman-

---

1. Comte avait écrit : « Partout où il y a un système quelconque, il doit exister une certaine solidarité. L'astronomie elle-même, dans ses phénomènes purement mécaniques, en offre la première ébauche... Le processus devient d'autant plus intime et plus prononcé qu'il s'applique à des phénomènes plus complexes et moins généraux. » *La Sociologie*, éd. Rigolage, p. 59 (Paris, F. Alcan, 1897).

derait enfin l'affirmation d'une morale cosmique.

M. de Greef[1], qui s'inspire de la conception biologique, mesure le progrès au « degré d'organisation du corps social. » M. Novicow, partisan de la même conception, a vu surtout, dans l'évolution des formes de la lutte pour l'existence, le côté politique et économique des choses. M. Durkheim se montre plutôt préoccupé de la condition morale de l'individu, des phénomènes de « solidarité consciente. » La raison des changements sociaux lui apparaît dans le passage de la solidarité « mécanique » des temps anciens à la solidarité « organique » des temps nouveaux ; ce passage correspond selon lui, nous le disions plus haut, à la division du travail, et il voit là l'explication des deux mouvements, en apparence contradictoires, qui font aujourd'hui que l'individu devient à la fois plus autonome et plus étroitement dépendant de la société, plus personnel et plus « socialisé ».

M. Tarde, lui, classe les sociétés d'après leur « idéal », non d'après leur cohésion et leur action en vue de cet idéal. L'harmonie des

---

1. *Le transformisme social* (Paris, F. Alcan, 1895).

croyances et des désirs est à ses yeux l'objet et le signe du progrès. Ce qu'il s'est efforcé enfin à mettre en lumière, c'est la relation des forces psychologiques avec les autres formes d'énergie de l'univers : c'est l'analogie, toute vague qu'elle semble encore, par laquelle il serait possible de rattacher nos états de conscience au rythme général des phénomènes du monde.

Ces vues sur le progrès, que je donne sans les critiquer, s'accordent assez bien, pratiquement, si elles viennent d'inspirations diverses. Dès qu'on dépasse l'analyse des faits sociaux — je me borne à cette simple remarque — pour raisonner de leur signification dans l'ordre général des choses, on fait, en somme, de la métaphysique, — de bonne métaphysique quelquefois, — et c'est alors une vue qui porte au delà de la sociologie, comme elle porte au delà de l'astronomie et de la biologie. L'intérêt en peut être grand, et la vérité probable. Mais c'est une vérité d'une autre nature : on pénètre maintenant dans cette région philosophique, où les sciences particulières trouvent leurs points de rencontre, où les définitions deviennent explicatives, quoique avec un inégal succès, et plus larges aussi que les événements positifs qui ont servi à les construire.

PSYCHOLOGIE

I

Les recherches extrêmement variées qui se rangent sous ce titre ont donné déjà des résultats précieux et provoqué des théories intéressantes. On a aujourd'hui un sentiment plus net des questions mêmes dont on ne saurait espérer la solution prochaine. La psychologie a été délimitée avec plus d'exactitude ; on a défini son objet propre, indiqué ses méthodes, et commencé enfin à débrouiller la masse d'observations confuses et de vues métaphysiques, d'erreurs accréditées ou de vérités douteuses, qui, autrefois, la constituaient.

On a tellement abusé, en ces dernières années, du mot de *psychologie*, qu'il importe d'abord de séparer nettement la psychologie littéraire de la psychologie scientifique. Celle-là a pour uniques moyens l'introspection et l'observation directe. En tant qu'étude générale ou abstraite, elle reste bornée à l'œuvre des philosophes qu'on appelait jadis des « moralistes », et comprend même, à peu près, tout le bagage des anciens psychologues. En tant qu'étude concrète ou spéciale, elle consiste surtout dans les créations des romanciers et des dramaturges, et dans les ouvrages de quelques critiques. Nous aurions grand tort de négliger les contributions utiles qui nous viennent de ce côté. Si exactes pourtant que puissent être les analyses des moralistes, des critiques et des poètes, elles demeurent chose personnelle, sans contrôle possible, et ne sauraient jamais suffire à fonder une psychologie qu'on ait vraiment droit d'appeler scientifique.

Quelle sera la matière de celle-ci? Tous les auteurs[1] s'accordent sur ce point : le véritable *fait psychologique*, c'est le *fait de conscience*. A quoi il convient d'ajouter, avec M. Ribot[2], que, « pour la psychologie physiologique, il n'existe que des états intérieurs, différant entre eux tant par leurs qualités propres que par leurs concomitants physiques ».

Nous dirons aussi, avec M. Fouillée[3], que la

1. Wundt et Spencer, Münsterberg et William James, Fouillée et Ribot, etc.
2. *Psychologie de l'attention*, p. 37 (Paris, F. Alcan, 1889).
3. *Le mouvement idéaliste*, etc. (Paris, F. Alcan, 1896).

psychologie ne doit être ni l'étude de « l'âme », au sens du spiritualisme ancien, ni la physiologie cérébrale seule, telle que l'entendent peut-être encore les positivistes étroits, ni enfin une psycho-sociologie, comme M. de Roberty paraît le penser.

Les spiritualistes, en effet, préjugent la question de la spiritualité ou de la matérialité du moi; ils font une induction sur la nature des choses telles qu'elles sont *en soi*. Et c'est là de la métaphysique, remarque très bien M. Fouillée, non de la psychologie.

Les purs physiologistes, d'autre part[1], inclinent sans doute à tirer la psychologie dans la biologie, à confondre le fait de conscience avec le phénomène physiologique. Mais les idéalistes à la manière de M. Fouillée lui-même ne tirent-ils pas, au contraire, la psychologie dans la métaphysique, jusqu'à transformer parfois, aussi bien que les spiritualistes à la manière de M. Paul Janet, le fait de conscience en un acte indépendant de tout processus cérébral?

Quant aux psycho-sociologues, rejetant dans la biologie une partie des faits psychiques, ils

---

1. A la manière de Cabanis et de Broussais, et, à quelques égards peut-être, de Comte et de Littré, de Lewes et de Taine. Encore fais-je des réserves.

assignent l'autre, qui serait la plus considérable, à la sociologie. Eux aussi — et c'est une autre remarque de M. Fouillée — ils méconnaissent l' « originalité spécifique » du fait de conscience. Ils sont dominés par la considération, très juste en somme, que la nature humaine est un produit de l'évolution historique. Encore faudrait-il ne pas oublier que l'éducation sociale s'est exercée, si loin qu'on la prenne, sur une matière préexistante, sur un fonds affectif commun, en un mot, sur un ensemble de tendances primitives et constantes, auxquelles il convient de faire toujours une large part jusque dans l'étude des sentiments esthétiques et des sentiments moraux, qui restent pourtant sous la dépendance la plus étroite de la vie collective.

Toute spéculation préalable sur la signification des faits internes, sur la nature même du sujet conscient, doit donc être rigoureusement éliminée. Superflue est l'affirmation ou la négation anticipée du *moi*, la définition de l'*idée* comme « reflet » ou comme « force », et c'est à la psychologie d'éclairer ces vues, qui sont des conséquences, non des prémisses.

La psychologie littéraire, la physiologie pure et la métaphysique étant ainsi écartées de notre chemin, — sans récuser pourtant, je le répète, les bons et nécessaires services de l'observation directe, — on pourrait distribuer, provisoirement au moins, la psychologie scientifique sur le plan suivant. On distinguerait, en premier lieu, la psychologie générale, ou abstraite, de la psychologie spéciale, ou concrète ; en second lieu, dans la psychologie générale (elle permet seule cette division) l'aspect statique de l'aspect dynamique, les faits permanents des faits d'évolution.

Considérée du point de vue statique, la psychologie générale est essentiellement l'étude des états intérieurs et de leurs concomitants physiques, c'est-à-dire des faits de conscience, dans leurs variations simultanées ou successives et dans leurs relations avec les fonctions physiologiques. Du point de vue historique, elle a pour objet l'évolution des sentiments, des idées, etc., soit dans la série entière des êtres vivants, soit dans les diverses collectivités humaines.

Ces deux aspects se confondent nécessairement pour la psychologie concrète. Nous trouvons ici : la psychologie individuelle, avec l'étude générale du « caractère » et les essais biographiques; la psychologie collective, psychologie de l'enfant, par exemple, ou psychologie professionnelle, selon qu'elle prend pour sujet un état, une période, un groupe défini d'individus; enfin la psychologie sociale, ou psychologie d'un peuple, d'une race.

Il n'entre pas dans le dessein de ce travail d'analyser par le menu les ouvrages, déjà fort nombreux, qui répondent à ces questions. Nos lecteurs n'auront pas de peine à remplir eux-mêmes le tableau très simple[1] où il nous semble qu'elles entrent toutes. Je me bornerai donc à quelques indications, après avoir discuté d'abord la position première du problème psychologique, sur laquelle des dissentiments subsistent encore.

1. Voici ce tableau :

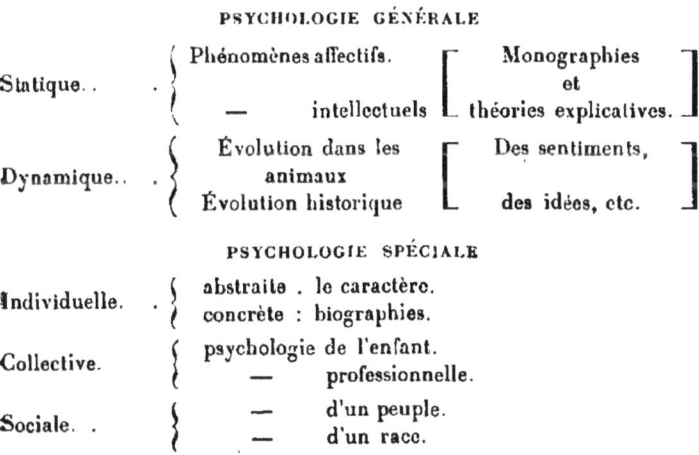

II

M. Rauh[1] a choisi une question spéciale, les *sentiments*, pour montrer ce que doit être l'attitude scientifique en psychologie. Les sentiments, dit-il, peuvent être considérés, — soit comme des *faits spéciaux* : c'est la conception du vulgaire, et aussi, jusqu'à un certain point, des psychologues anglais ou écossais, de Bain, par exemple, qui les décrivent, les classent comme tels ; — soit comme des *faits organiques* : avec Ribot et l'école psycho-physiologique ; — soit comme des *faits intellectuels* : avec Spinoza, Herbart ; et c'est la théorie dite « intellectualiste ».

Sur ce point, je ferai observer que les sentiments restent, dans tous les cas possibles, des phénomènes spéciaux à quelque degré, puisqu'on les distingue spontanément des images, des pensées, etc. De toute façon, nous serions admis à les considérer — et cette distribution me paraît convenir mieux en ce court débat que celle de M. Rauh, — 1° comme irréductibles,

---

1. F. Rauh, *De la méthode dans la psychologie des sentiments* (Paris, F. Alcan, 1899).

indécomposables ; 2° comme décomposables par l'analyse, mais non entièrement réductibles, soit à l'organisme, soit à l'entendement ; 3° comme absolument réductibles.

Dans la première de ces situations, les sentiments ne comporteraient guère que la description et la peinture. Le parallélisme plus ou moins lâche existant entre eux et les autres phénomènes de la vie, ne laisserait pas s'établir des points de contact d'une série à l'autre, ni présumer aucun rapport d'antécédence ou de séquence.

Dans la deuxième situation, on ne se flatte pas de pouvoir démontrer complètement, et pourtant on suppose, la réduction possible des sentiments, soit à l'organisme, c'est-à-dire aux propriétés physico-chimiques de l'être vivant, soit à l'entendement, c'est-à-dire à la conscience que nous avons de ces phénomènes et aux données de nos facultés supérieures. Ce qui signifie que, dans le premier cas, les sentiments varient, par hypothèse, en fonction de l'organisme ; dans le second cas, en fonction des idées qu'ils traduisent ou qui s'incorporent en eux. Le parallélisme des séries comporte donc cette fois des dépendances qu'il s'agit de mettre en lumière par les procédés variés de l'observation et de l'expérimentation.

A ce stage, — que l'on fasse intervenir ou non une considération de *finalité* biologique[1], — appartiennent la théorie physiologique et la théorie intellectualiste, autant du moins que cette dernière n'abandonne pas le vrai terrain de la psychologie. Car c'est encore une conjecture purement psychologique, dirais-je ici à l'encontre de M. Rauh, que de supposer même le « parallélisme absolu (la concomitance rigoureuse) de l'organique et du psychique », s'il est vrai, comme je le pense, qu'elle n'emporte pas nécessairement les conclusions que cet auteur repousse.

La situation que nous venons de décrire serait donc, à quelques égards, une situation d'attente, de passage. Elle nous conduirait, à travers plusieurs modes d'explication ou d'interprétation, du parallélisme simple et sans points de contact, qui marquait notre situation première, à l'équivalence totale qui marque la troisième. Il arrive fréquemment alors, que, transportant cette hypothèse dans la philosophie, on vise à confondre ensemble tous les phénomènes vitaux, au béné-

---

1. Avec Spencer, Fouillée, Paulhan. — M. Paulhan, *L'Activité mentale et les éléments de l'esprit* (Paris, F. Alcan, 1890), considère l'esprit comme une somme d'éléments actifs diversement coordonnés, comme un système de tendances formant autant de sous-personnalités groupées en vue d'une fin.

fice d'une énergie latente qui se manifesterait sous leurs figures diverses. Cette énergie sera la « volonté » de Schopenhauer ou « l'appétition » de M. Fouillée : et c'est la forme métaphysique de la théorie physiologique ou biologique ; ou bien encore elle sera le « psychique » de M. Rauh, sans autre définition : et c'est la forme métaphysique de l'intellectualisme, assez difficile à distinguer, il est vrai, de la précédente.

Quant à la méthode, M. Rauh estime qu'on peut appliquer aux sentiments, ou prétendre leur appliquer, les trois procédés suivants, — les procédés des sciences mécaniques ou physico-mécaniques : on les traite alors comme des forces mesurables et en relations mécaniques, ainsi que le font les psycho-physiciens[1] ; — les procédés des sciences physico-chimiques : lesquelles recherchent les relations de succession ou de coexistence, étrangères à toute idée de finalité ; — la méthode des sciences biologiques, en tant que celles-ci admettent le principe de finalité interne. Il note encore une quatrième méthode, celle des sciences naturelles et de classification ; les sentiments, en ce cas, doivent d'abord être classés comme tels, quelle que soit la théorie adop-

1. Wundt, Lehmann, etc.

tée. A la classification se joint enfin l' « histoire des sentiments », à laquelle l'auteur dénie l'importance que les psycho-physiologistes lui accordent.

Selon M. Rauh, l'application de l'une ou de l'autre de ces méthodes ne serait pas commandée par la considération expresse des sentiments comme faits spéciaux, organiques ou intellectuels, et il se trouve en effet qu'une séparation rigoureuse ne convient pas au traitement des faits psychologiques. La raison en est, ce me semble, que toute distribution des faits ou des méthodes se fonde, en définitive, sur la nature même des hypothèses possibles en psychologie, et en reproduit les situations diverses. Force est bien, en l'état de cette science, de traiter chaque fait de la manière qui convient le mieux, en se guidant sur l'idée qui promet d'être la plus féconde, et de marier les hypothèses, si j'ose dire, sans les transformer prématurément en doctrines.

M. Rauh, par exemple, est un intellectualiste ; il incline au moins vers la forme « herbartienne » de l'intellectualisme. Cela ne l'empêche pas de reconnaître les services rendus par l'école même dont il se déclare le constant adversaire. « Observer les faits, écrit-il, joindre aux observations quelques lois empiriques sans cesse corrigées, puis à ces lois des vues plus que des théories, telle est la tâche du psychologue. » Ce sont là de sages réserves ; elles n'emportent pas d'ailleurs la condamnation des essais d'explication générale, qui rendent aussi de bons services.

III

L'œuvre de M. Ribot est la plus considérable, à cet égard, que nous possédions encore. M. Ribot s'appuie constamment sur les données de la physiologie et de la pathologie, comme aussi de la linguistique et de la littérature ; mais il s'applique à la fois à grouper les faits en corps de doctrine et à coordonner les hypothèses, autant qu'il se peut, dans une vue principale. Sa méthode est de passer toujours de la forme simple, primitive, à la forme complexe, secondaire. Considérant, d'une part, que ce qu'il y a de plus profond dans l'être, ce sont les appétits, les désirs, les tendances, et que, d'autre part, les tendances se manifestent spontanément par des mouvements, il a suivi l'élément moteur dans tous les états psychologiques, — sentiments, attention, imagination et concepts même, — et construit ainsi la « théorie motrice », théorie qui a trouvé des contradicteurs, mais qui fait l'unité de toute son œuvre.

Parmi ces contradicteurs, les uns, tels que M. Marillier[1] et M. Paul Sollier[2], se sont appliqués surtout à restaurer le rôle de la sensibilité, que M. Ribot aurait trop subordonnée aux mouvements[3]; les autres, tels que M. Rauh et M. Fouillée, s'inspirent surtout d'une pensée philosophique. Voyons maintenant les objections de ce dernier auteur ; elles nous aideront à marquer plus nettement notre point de vue.

M. Fouillée reproche à M. Ribot de transporter toute l'activité, et la réalité même, dans les mouvements corporels, pour ne laisser à la conscience que le rôle de refléter ces mouvements sous l'apparence interne de la jouissance et de la souffrance ; en d'autres termes, de ne faire état que des phénomènes, — mouvements et arrêts de mouvements, — qui appartiennent au monde externe, au monde des objets, en méconnaissant ainsi la vraie nature du plaisir et de la douleur, qui ne sont pas seulement des « signes »,

---

1. Voy. un article de M. Marillier sur *l'attention*, in *Revue philosophique*, juin 1889.
2. *Genèse et nature de l'hystérie* (Paris, F. Alcan, 1897).
3. Je ne traiterai pas ici cette question spéciale. Un cas s'en trouve discuté dans le chapitre de ce livre consacré à l'*Esthétique*.

des « indices », mais « des affections immédiates et des états profonds de la volonté », « irréductibles à de simples représentations objectives ».

La théorie de M. Ribot préjugerait en somme, dans un sens mécaniste, la question « philosophique » des rapports du physique et du mental. Je n'ai pas qualité pour la défendre. Il me paraît toutefois que l'on ne doit condamner aucune théorie « psychologique », sous le prétexte qu'elle préjuge en tel ou tel sens les relations du corps et de l'âme. Le psychologue ne peut guère s'empêcher de concevoir d'abord ces relations d'une manière quelconque, sauf à modifier dans la suite l'idée qu'il s'en était faite. Le problème de toute science, ne l'oublions jamais, est d'établir les variations, simultanées ou successives, et les dépendances réciproques de faits ou de séries de faits. Or, dans les cas où l'on ne réussit pas à dégager l'élément qui détermine immédiatement la variation, — ce qui équivaut à expliquer[1] le phénomène que l'on étudie, — force est bien de le présumer et de procéder par conjecture. C'est ainsi que la théorie de l'émotion proposée par Lange et par W. James demeure conjecturale ; ainsi encore que la théorie motrice

1. Ce n'est là, si l'on veut, qu'une *explication* du premier degré, et des réserves sont à faire sur ce point.

développée par M. Ribot, théorie dans laquelle les mouvements sont acceptés à la fois comme cause déterminante et invoqués comme faits-témoins, pour ainsi dire, se présente à titre d'hypothèse. Et lorsque M. Fouillée ou M. Rauh la combattent, ils le font au nom d'une autre hypothèse concernant les rapports du physique et du mental, qu'ils formulent ou sous-entendent.

Il reste à examiner, dans tous les cas, les titres de l'hypothèse, à reprendre les recherches qui la justifieront ou l'infirmeront. L'état présent de la psychologie n'accuse que trop le caractère provisoire des doctrines et l'incertitude même des expériences. Peut-être cependant ce constant désaccord entre les écoles porte-t-il moins souvent sur les observations et sur leur interprétation immédiate, que sur des prémisses et des conclusions qui restent en deçà ou visent au delà de la science proprement dite. Tout psychologue, dirais-je, a une métaphysique dans la tête, et incline la psychologie vers cette métaphysique.

Contrairement à M. Ribot, M. Fouillée accepte comme donnée première le vouloir, avec la conscience du moi, si obscure qu'on la suppose aux degrés inférieurs de la vie. L'appétition est pour lui le fond de toute existence. L'idée, enfin, est une « force », parce qu'elle enferme de l'appétit. Il ne faut donc pas dire, selon lui, que la conscience ne serait qu'un épiphénomène ; il n'est pas permis davantage de présenter l'histoire de l'âme sous la figure d'une évolution, qui s'accomplirait par la complication croissante de rapports d'action et de réaction entre le monde physique et une unité biologique élémentaire, entre le milieu et un élément organisé.

On voudra bien remarquer ici que les *mouvements* considérés par M. Ribot supposent l'énergie incluse invoquée par M. Fouillée, tandis que l'*appétition* de ce dernier ne peut se traduire avec évidence que par des mouvements. Tout se passe, en réalité, dans un système comme dans l'autre. L'opposition se trouve reportée dans l'avant-psychologie, si je peux dire, selon que l'énergie bio-psychique ne sera pour les uns que la transformation des énergies physico-chimiques, ou qu'elle sera pour les autres un fait premier, et la conscience un phénomène irréductible, une sorte d'intuition directe de cette énergie dont l'expérience saisit seulement les révélations extérieures.

Encore est-il que le psychologue n'a jamais d'autre ressource que d'étudier les manifestations tangibles qui accompagnent, — si elles ne suffisent pas à la constituer, — l'activité consciente, et de mesurer les causes par leurs effets. Cette activité consciente apparaît d'ailleurs comme se développant dans les espèces au cours des âges, en sorte que la conscience des êtres supérieurs est un véritable épiphénomène par rapport à celle des organismes inférieurs, la conscience de l'adulte par rapport à celle de l'enfant. La psychologie idéaliste ou spiritualiste se voit réduite enfin à suivre les mêmes chemins, pratiquement, que la psychologie dite mécaniste ; et ces expressions trompent ici, aussi souvent qu'elles anticipent une philosophie qui n'est pas faite[1].

1. Que nous tenions la conscience pour incluse déjà dans l'élément organisé, dont elle serait une propriété essentielle, ou que nous la supposions produite dans l'organisme par le fait des connexions toujours plus riches établies entre des centres nerveux, déterminés par le simple jeu des forces physico-chimiques, il arrivera que la conscience s'augmentera, dans ce dernier cas, en vertu des mêmes corrélations qui auront été nécessaires pour la manifester dans le premier. — Si même l'âme, conformément au spiritualisme rigoureux, apparaît parfaite dans le corps, cette alternative se présente : ou bien l'âme est comme une émanation d'une substance immatérielle partout répandue, et les conditions de développement de l'organisme matériel qu'elle anime n'importent point à son essence ; ou bien nous la concevons comme la création immédiate d'une souveraine intelligence, à laquelle on n'imagine point qu'aucun mode de créer, d'accroître et de conserver la vie soit interdit.

IV

Un essai de psychologie générale, jugera-t-on sans doute, n'a pas encore grande chance d'aboutir. Les travaux que nous venons de mentionner, — quelle que doive être leur fortune particulière, — n'en auront pas moins rendu le service, soit d'offrir à la discussion une interprétation des faits psychologiques, soit de grouper les résultats acquis sous des formules claires, soit enfin d'indiquer de nouveaux problèmes. L'encombrement croissant des matériaux fait assez, d'ailleurs, sentir le péril de se noyer dans les menus détails et de perdre de vue les contours généraux des questions.

Les études spéciales, les monographies, premier débrouillement de la matière psychologique, sont devenues nécessaires, et les psychologues commencent à s'y appliquer : les uns — et les travaux de cet ordre sont les plus nombreux en France — au moyen de l'investigation clinique, les autres avec le secours des expériences de laboratoire. Si ces expériences ne sont trop souvent peut-être, comme l'a dit W. James, que « l'élaboration de l'évident », l'établissement de toute théorie n'en réclame pas moins le contrôle. Il ne saurait être sans intérêt de mettre en lumière les modifications physiologiques qui correspondent à des opérations psychiques ou accompagnent des états de conscience déterminés, d'évaluer des perceptions ou des sensations, par exemple, à l'aide des procédés variés imaginés par d'ingénieux observateurs, de comparer des processus mentaux l'un avec l'autre, etc.[1].

Dès que ces monographies ne sont pas le simple exposé d'une expérience ou d'une observation, et qu'elles prétendent à une valeur d'explication, il est assez malaisé de dire à quelle classe l'une ou l'autre se rapporte exactement. L'étude d'un même fait se trouve conduite à la fois, en général, du point de vue théorique et du point de vue historique ; il n'est guère possible non plus de séparer absolument les phénomènes intellectuels des phénomènes affectifs. Cette situation même est importante à relever, car elle marque bien le progrès accompli et la tendance dominante de ce temps.

---

1. Le laboratoire de la Sorbonne, de création récente, a donné déjà, dans cette voie, des travaux importants, grâce à l'activité de M. Binet et de ses collaborateurs, tels que MM. Philippe, Courtier, Bourdon, etc.

M. Ribot en étudiant l'*attention* et la *mémoire*, M. Binet le *raisonnement*, envisagent ces actes de l'intelligence dans leur corrélation avec les états de la sensibilité. M. Godfernaux étudie d'une manière expresse les rapports du sentiment et de la pensée[1] : l'analyse des psychoses le conduit à découvrir dans l'état affectif l'agent de l'association des idées ; il conçoit même un parallélisme rigoureux entre la vie motrice, expression de nos tendances profondes, et la vie consciente. M. G. Dumas conclut d'observations nombreuses sur les états intellectuels dans la mélancolie[2], que la mélancolie est une maladie organique, que c'est sur l'organisme que retentissent d'abord les causes physiques ou morales qui la produisent, qu'elle n'est jamais, en un mot, que la conscience de l'état du corps ; les états intellectuels qui se greffent sur l'état organique étant commandés par l'ajustement de l'idée délirante à la logique naturelle du sujet. M. Ph. Tissié[3] déclare qu'il n'existe pas de « rêves » d'origine absolument psychique, que tous nos rêves sont

---

1. A. Godfernaux, *Le sentiment et la pensée* (Paris, F. Alcan, 1894).
2. G. Dumas, *Les états intellectuels dans la mélancolie* (Paris, F. Alcan, 1895).
3. Ph. Tissié, *Les Rêves* (Paris, F. Alcan, 1890).

provoqués par une impression sensoriale initiale, etc.

Même tendance en beaucoup d'autres ouvrages, tels que la *Pathologie des émotions* de M. Ch. Féré et *l'Automatisme psychologique* de M. Pierre Janet, où sont mises en pleine lumière la corrélation des moments psychologiques et la complexité du *moi*[1]. Ainsi se justifie, sinon la présomption qu'il n'existe pas d'entité mentale, — la méthode, au moins, qui est de connaître par la voie indirecte, expérimentale, et non plus seulement par la voie directe, intuitive[2].

La considération de l'évolution a été intro-

---

[1]. N'oublions pas que la théorie du *polyzoïsme*, de M. Durand (de Gros), a précédé la notion actuelle des sub-consciences, des sous-personnalités.

[2]. Les adversaires eux-mêmes se voient obligés d'emprunter les éléments de leurs démonstrations à la psycho-pathologie. Tel M. G.-L. Duprat, dans l'*Instabilité mentale*, etc. (Paris, F. Alcan, 1899). Il considère l'instabilité mentale comme un fait premier, et cherche dans le « caractère » un principe directeur de l'évolution mentale, qui, par sa permanence, ferait obstacle à cette instabilité. Est morbide, déclare-t-il, tout ce qui est asystématique ; mais la désagrégation physiologique serait la conséquence, non pas la cause, de ce caractère d'asystématisation. Il advient alors que la psycho-pathologie éclaire seule ce caractère psychologique « pur », au moyen duquel l'auteur se flatte d'expliquer les faits que la psycho-pathologie n'expliquerait pas. C'est un cercle vicieux. Tenons-nous-en à la méthode constante des sciences, qui est d'établir des lois de corrélation entre des faits et des séries de faits, sans la fausser pour avoir préjugé le fond des choses.

duite enfin, principalement par M. Ribot[1], dans la critique même des idées générales, des concepts. Ce qui signifie toujours, en somme, une réduction de la théorie de la connaissance au point de vue de la psychologie.

Il y aurait à mentionner encore certaines études sur des concepts spéciaux, comme celles de MM. Roisel (de la *substance*), Lechalas (l'*espace et le temps*), Dunan (le *temps*), Evellin (*infini et quantité*), Couturat (l'*infini mathématique*)[2]. Mais ici, — et quand ces ouvrages ne s'enferment pas sur le terrain de la géométrie, — la frontière demeure souvent bien indécise entre le problème purement psychologique et la doctrine philosophique dont la solution procède ou qu'elle vise à étayer.

V

Quels résultats précis ont été obtenus, quelles connaissances restent définitivement acquises,

---

[1]. *L'Évolution des idées générales* (Paris, F. Alcan, 1897).
[2]. Je mentionnerai à cette place l'ouvrage posthume de Ch. Horion, *Essai de synthèse évolutioniste ou monaliste* (Paris, F. Alcan, et Bruxelles, H. Lamertin, 1900), où l'auteur aborde — mais ne creuse pas — les problèmes de la science et de la philosophie, et critique la métaphysique du calcul dit infinitésimal.

l'objet de ce petit livre n'est pas de répondre en détail à cette question. La psychologie, du reste, malgré les importants travaux qu'elle compte en France et à l'étranger, en est encore à sa période de début, et il n'est guère de thèse acceptée dans une école qui ne soit contredite dans une autre. En dépit de ces dissidences, on peut dire que beaucoup de faits ont été recueillis et groupés avec méthode, beaucoup de phénomènes exactement analysés, quelques théories proposées enfin qui ne s'éloignent pas, sans doute, sensiblement de la vérité.

Pour les faits, il s'en trouve en abondance dans les nombreux ouvrages et articles publiés en ces dernières années. On n'entreprend guère de décrire un état psychologique sans y relever des aspects nouveaux ou des analogies qui se fondent sur des témoignages positifs intéressants. Ainsi a-t-on fait pour les rêves et les hallucinations[1], pour la peur[2], pour la fatigue[3], pour la tristesse et la joie, etc.[4].

Parmi les phénomènes qu'on a réussi à débrouiller, ou dont on a poussé plus loin l'analyse,

1. Pour les états hypnotiques, il y aurait à citer toute une bibliothèque de travaux français, allemands, etc.
2. Ch. Richet, A. Mosso.
3. A. Mosso, Binet et Victor Henri.
4. G. Dumas.

il me suffira de citer le *langage*[1] et la *mémoire*[2].

Je pourrais rappeler encore l'analyse de la *personnalité*[3], si intéressante, quelque réserve qu'il nous plaise de faire sur « l'essence » du moi.

Quant aux théories, j'ai parlé plus haut de la théorie motrice, en faisant remarquer que les « mouvements » peuvent être envisagés de deux manières, ou bien comme faits générateurs, ou bien comme simples faits témoins du phénomène

---

1. Les résultats en ont été consignés principalement dans la thèse de M. Gilbert Ballet, *Le langage intérieur* (Paris, F. Alcan, 1886).

2. Important est le récent ouvrage de M. Paul Sollier, *Le problème de la mémoire* (Paris, F. Alcan, 1900). Il ne semble pas que nous devions admettre encore des « mémoires partielles », en tant que cette doctrine implique l'existence de centres distincts où se ferait la conservation et la reproduction des images auditives, visuelles, verbales, etc. ; mais la mémoire n'en présente pas moins des caractères individuels, selon la qualité des images prédominantes. Les centres de perception ne seraient pas les centres de mémoire. Chaque excitation périphérique déterminerait une modification moléculaire et un état dynamique spécial des cellules cérébrales, état dont le *quantum* correspond au courant nerveux qui l'a produit, et qui, aussitôt qu'il se reproduit, rappellerait le souvenir de l'excitation. Il y aurait donc combinaison entre les cellules de l'écorce — et ces combinaisons peuvent varier à l'infini, — mais non pas conservation dans les centres mêmes de réception, dont le nombre est nécessairement limité. La *fonction mnésique*, enfin, aurait son siège dans les lobes frontaux (Flechsig, Pitres, Bianchi).

3. Durand (de Gros), Ribot, Binet, Le Dantec, Sollier, dans l'ouvrage précité, et d'autres encore. — On consultera avec profit, sur la *personnalité*, sur la *mémoire*, sur la *distraction*, etc., les ingénieuses études de M. Hirth, dont j'ai donné la traduction française.

que l'on étudie. Je n'ajouterai qu'un mot, au sujet de l'idée d'évolution. Elle se trouve employée également en psychologie, tantôt comme hypothèse nécessaire : et c'est le cas, par exemple, dans la théorie concernant la genèse des concepts de temps et d'espace, professée par l'école génétique ou empirique ; tantôt comme idée directrice, je dirais volontiers comme hypothèse latente : son emploi se borne alors à marquer, mais dans un esprit nouveau, les stages réellement observables de l'évolution dans la vie de l'individu ou de l'espèce. Or, si l'on a quelquefois exagéré la valeur explicative de l'idée d'évolution, il n'est pas douteux que l'étude historique des faits mentaux a ouvert les plus larges horizons. A titre même d'hypothèse, cette idée féconde garde son rôle en psychologie, car les nativistes peuvent bien refuser d'admettre l'évolution des *facultés*, mais non pas celle des *mécanismes*, et l'on ne saurait guère contester que des modifications physiques doivent correspondre aux acquisitions, qu'on ne nie point, de la vie psychique dans les animaux comme dans l'homme.

VI

L'éthologie, l'étude du caractère, forme le

passage, en quelque sorte, de la psychologie générale à la psychologie spéciale. Elle est concrète, puisque son objet est la caractérisation des individus ; mais abstraite encore, en ce sens qu'une vue théorique préside à l'établissement de ses divisions. De même les classifications des naturalistes sont l'expression des connaissances de chaque temps sur les phénomènes de la vie végétale ou animale.

Le renouvellement des études psychologiques ne pouvait manquer de provoquer une caractérologie nouvelle, et l'essai en a été fait, en France principalement, par MM. Bernard Pérez, Ribot, Paulhan, Fouillée, bientôt suivis et critiqués par M. Malapert.

Je n'ai pas à résumer ces essais, qui sont toujours à reprendre. Le résultat qui s'en dégage peut-être, c'est la distinction de types de classe, tels que le *sensitif* et l'*actif*, donnés par la physiologie même, et dont les traits particuliers, — les types de genre ou d'espèce, — s'obtiendraient par la considération de l'intelligence, c'est-à-dire par la combinaison variable des qualités de l'esprit avec celles du tempérament.

Seul, M. Paulhan ne s'en tient pas à établir des types larges où viendraient s'encadrer les individus ; il cherche moins à tracer une classification véritable qu'à dresser un minutieux et savant questionnaire pouvant servir à faire de bons portraits individuels, conformément à sa théorie de la coordination systématique.

M. Paulhan, — et c'est ici une question autre, — ne reconnaît pas, entre les lois abstraites et les individus, des espèces intellectuelles. Il dénie partant toute valeur à une histoire naturelle des sociétés qui se fonderait sur la considération des races, des classes ou des professions. Ses critiques ne me paraissent pas décisives, et j'incline encore à penser que le groupe professionnel, par exemple, offre un type non dépourvu de réalité. Certes, il se rencontrera parmi les membres d'une même profession des individus qui pourront être rangés dans diverses catégories éthologiques, comme vifs ou lents, actifs ou sensitifs, etc. Ils n'en appartiendront pas moins, à d'autres égards, à leur catégorie sociale, par suite d'un concert naturel de leurs facultés intellectuelles et d'une orientation journalière de leur volonté. Et s'il est vrai qu'un certain état physiologique emporte avec lui un mode défini d'action de l'intelligence, il l'est plus encore qu'une même culture de l'esprit et les habitudes longuement continuées d'une profession finissent le plus souvent par imposer à la personnalité, avec une discipline régulière, un équilibre moyen des tendances et des sentiments [1].

La psychologie d'une race, celle d'un peuple ne présentent pas de moindres difficultés. Des écrivains sérieux ne les jugent pourtant pas insurmontables [2], et on ne saurait douter que les études de ce genre peuvent être d'un utile secours pour la sociologie pratique. Je le dirai également de la psychologie des collectivités, confuses ou temporaires, foules, assemblées, etc.[3]. Quant à la psychologie de l'enfant, on a passé de la période des études générales, telles que MM. Bernard Pérez, Preyer, Sikorski les ont comprises, à la période des études de détail, où l'observation cherche à s'appuyer plus constamment sur l'expérience.

1. M. Dauriac avait annoncé une psychologie du musicien. Mais le dessein qu'il poursuit dans ses études déjà publiées n'est pas celui que je m'étais proposé dans la psychologie du peintre.
2. M. Fouillée a donné récemment une psychologie du peuple français.
3. Je relève les noms de MM. Sighele, Lombroso et Laschi en Italie, Le Bon en France.

ESTHÉTIQUE

I

L'esthétique a été jadis, elle est encore aux mains de quelques philosophes, l'instrument d'une métaphysique. Mais elle est d'abord, et restera désormais, une question de psychologie. Cette question, d'ailleurs, comme aussi la religion et la morale, offre en même temps un côté sociologique, par où d'autres auteurs ont voulu exclusivement la voir. Ainsi les uns exagèrent la signification de l'art, ou du moins de l'invention artistique [1], et les autres perdent de vue les marques propres qui le font exister. Dans les deux cas, on se livre à des considérations abstraites, et l'on dit d'éloquentes choses ; on n'avance pas d'un pied dans le problème.

---

[1]. Ainsi M. Paul Janet, que nous ne pouvons suivre en ceci, se flattait de trouver dans l'invention musicale l'exemple d'une création *ex nihilo*, capable de prouver l'action directe de l'esprit et de faire échec à la théorie empirique de l'imagination.

Aussi longtemps que le psychologue s'en tient à l'étude des manifestations les plus générales de la vie affective, — plaisir et douleur, colère, peur, tendresse, etc., — il ne rencontre guère que des conditions biologiques, faiblement diversifiées dans les cas particuliers. Les passions, dirais-je volontiers, sont des états où chaque individu entre avec son propre caractère. Dès que l'on passe à l'analyse des manifestations plus complexes, comme le sont les sentiments moraux et les sentiments esthétiques, le fond physiologique paraît au contraire s'effacer, et ce qui frappe surtout l'observateur, c'est l'évolution des faits, c'est le rôle social ou historique de la morale ou de l'art. Il n'est pourtant point de sentiment personnel ou de passion qui ne soit du même coup un phénomène social, et point de fait social qui ne retentisse à quelque degré dans la vie affective des personnes. Si donc nous abordons un problème défini tel que l'esthétique, notre premier soin doit être de chercher la marque spéciale de l'émotion qui a produit l'art, — ou plutôt les arts, dont nous aurons à étudier ensuite la croissance et le perfectionnement, soit dans les œuvres matérielles, soit dans l'âme même de l'artiste.

Je ne me propose nullement, on le pense bien,

de traiter ici la question en son entier. Je m'attacherai de préférence à quelques points, sans m'attarder même beaucoup à discuter la thèse préjudicielle, en quelque sorte, qui a pour sujet l'origine de l'émotion esthétique.

Il existe en effet, remarque M. Ribot [1], un accord bien rare entre les auteurs sur l'origine de cette émotion, et par conséquent sur la marque qui lui est propre entre toutes les émotions : elle a sa source dans un superflu de vie, dans une activité de luxe, ou plus largement encore dans un exercice spontané de l'activité vitale ; elle est une forme du jeu.

Ce mot de *jeu* a offusqué certains écrivains, jusqu'à en trouver l'idée « indigne d'un esprit sensible au charme des chefs-d'œuvre [2] ». C'est là, il me semble, comme si l'homme joyeux s'irritait d'apprendre que la joie offre assez exactement les caractères physiologiques de la colère ou comme si le jardinier méprisait un rameau chargé de fruits délicieux, à cause du sauvageon sur lequel il est enté. Aucun partisan de cette

---

1. *Psychologie des sentiments*, 2ᵉ partie, chap. x (Paris, F. Alcan, 1896). — L'accord n'est pourtant pas si complet que la question soit close ; mais les divergences me semblent porter sur le choix des mots plutôt que sur le fond des choses.

2. G. Sorel, *Contributions psycho-physiques à l'étude esthétique*, in *Revue philosophique*, juin et juillet 1890.

théorie du jeu, dont Kant et Schiller donnèrent la première formule, n'a prétendu dire, que je sache, que la cathédrale de Reims est un joujou ou la *Symphonie avec chœurs* une amusette, et le mot *désintéressé*, qui suit cette définition de l'art, n'a jamais signifié non plus que l'art demeure indifférent aux émotions qu'il traduit ou qu'il éveille.

Des esthéticiens trop soucieux de l'utilité de l'art en sont venus à cet excès de le trouver partout, dans l'activité animale, « dans le vol de cette hirondelle qui passe dans l'air, etc. » Dès qu'il ne s'agit, selon l'expression de M. Souriau [1], que de « combiner ses mouvements en vue d'une fin préconçue », l'épervier qui fond sur l'oisillon, le corbeau qui s'attable à à une charogne, ne me semblent pourtant pas moins habiles que l'hirondelle qui plane pour happer des moucherons. La courbe décrite dans le ciel par l'oiseau qui vole a autant de grâce, je le veux bien, que cette ligne tracée d'une main délicate sur une feuille de papier. Nous l'admirerions peut-être comme une œuvre d'art, si elle laissait « quelque trace matérielle ». Mais elle n'en laisse pas ; il y manque le choix, l'ar-

1. Paul Souriau, *L'Esthétique du mouvement* (Paris, F. Alcan, 1889).

rangement, la durée, tout ce qu'y eût apporté la fantaisie constructive de l'artiste.

L'utilité de toucher à la cible avec une balle, quelque désir qui nous pousse, n'est pas celle d'atteindre son ennemi, et nous avons mille raisons de distinguer l'activité du jeu de celle du du travail. Je refuse toutefois de reconnaître la moindre ébauche de l'art dans le jeu des animaux, ou même de l'homme. Ce n'est encore, si l'on me permet cette métaphore usée, que le germe dans la graine. La danse, au contraire, la danse-pantomime, selon une autre remarque de M. Ribot (nous y reviendrons tout à l'heure), en offre les principaux caractères : elle n'est pas simplement un jeu, mais une combinaison et une représentation, et de plus elle est universelle. Il se peut que les postures de ces danseurs australiens ou sénégalais manquent de grâce, et nous jugerons alors que leur danse est grossière ; elle n'en est pas moins quelque chose d'autre, positivement, que de chasser un quadrupède ou de pousser un canot sur la rivière.

Nous devons donc nous garder en même temps des considérations abstruses où Schiller et Kant s'embarrassent quelquefois, et d'une interprétation mesquine de la terminologie courante. Alors que la théorie du jeu, aux yeux de quelques philosophes, semblait condamner l'art à l'indifférence morale, des romanciers et des critiques s'en réclamaient au contraire pour prêter à la formule de « l'art pour l'art », faussement opposée à celle de « l'art utile », une signification extravagante. Il suffit cependant que l'art est un phénomène universel, pour que sa valeur se trouve justifiée. Le jeu même, ainsi que M. Groos[1] l'a bien établi en étudiant les jeux des animaux et de l'homme, sert à expérimenter ; il est un exercice naturel des appareils sensoriels et moteurs, des facultés de l'esprit et des sentiments, en vue du plaisir. L'art aussi correspond à un besoin ; il reste par là une fonction utile, et la définition du jeu lui convient encore, si supérieur qu'il soit par la valeur de ses combinaisons et par la qualité de la jouissance qu'il éveille.

Si d'ailleurs l'apparition du jeu dans les espèces animales marque bien la possibilité de l'art, elle ne le détermine point. La théorie qui rattache l'art au déploiement de l'activité physiologique ne nous dit pas pourquoi cette activité s'est dépensée sous telle ou telle forme ; elle ne nous instruit pas sur la raison du *beau* et du

1. Karl Groos, *Die Spiele der Thiere* (Iena, G. Fischer, 1896). — *Die Spiele der Menschen* (Ibid., 1899).

laid. Des recherches spéciales sont exigées pour résoudre cette question difficile, qui est au fond l'esthétique même, et qu'on réussit à peine à débrouiller.

II

Prenons d'abord les arts du dessin. Ils se prêtent le mieux, à quelques égards, à une analyse de la question, et la plupart des auteurs se sont appliqués de préférence à déterminer les conditions du plaisir esthétique lié au sens de la vue. Ces conditions, remarquons-le tout de suite, sont surtout intellectuelles ou morales pour les uns, physiologiques pour les autres ; en tant même que physiologiques, elles relèvent tantôt, selon l'esprit de chaque doctrine, des réactions motrices, et tantôt de la sensibilité générale ou de l'état spécifique des centres nerveux intéressés.

M. Charles Henry, en des travaux qui sont trop souvent obscurs[1], tente de ramener la beauté des formes à l'aisance des mouvements musculaires ; vue juste en un sens, mais étroite et

---

1. Voy. divers articles de cet auteur dans la *Revue philosophique* et diverses brochures.

incomplète, par où l'homme est réduit au rôle d'un compas qui sentirait le glissement de ses branches. M. Léon Arnoult[1], un théoricien aventureux, cherche la raison du beau de la forme dans l'harmonie, dans la correspondance, de l'excitant avec l'organe, de la lumière avec l'œil. L'excitation lumineuse agirait par pression sur les terminaisons nerveuses et imposerait une forme aux éléments contractiles qui détiennent dans leur milieu ces terminaisons. La lumière aurait « créé l'œil par une sorte de martelage ». D'où l'on pourrait inférer — et ce résultat est assez maigre — en premier lieu, la perfection de la sphère, en second lieu, la bonne qualité des excitations dont la forme ne contrarie pas celle de notre rétine.

M. Charles Féré[2] estime que le rôle attribué par MM. Gaétan Delaunay et Ch. Henry à la « direction du mouvement » reste subordonné à la nature des effets physiologiques des sensations soi-disant agréables ou désagréables. Il a montré

1. *Traité d'esthétique visuelle et transcendantale* (Paris, Ch. Mendel, 1897). Voy. compte rendu, *Revue philosophique*, octobre 1897.
2. Article publié dans la *Revue philosophique*, mars 1886, et reproduit dans son livre *Sensation et Mouvement* (Paris, Alcan, 1887). J'ai donné quelque développement aux considérations de Féré dans mon *Journal d'un Philosophe*, XIV, XV (Paris, Alcan, 1887).

l'influence de la rotation d'un disque coloré sur la hauteur de l'excitation. Les sujets mis par lui en expérience se sont parfaitement rendu compte, dit-il, que la sensation visuelle devient plus intense quand le disque tourne. Il en conclut que « la sensation de plaisir se résout dans une sensation de puissance », ce qui n'est pas discutable, au moins dans les cas étudiés par lui, selon la réserve expresse de M. Sorel. Dans tous les laboratoires de psychologie, enfin, on institue des expériences qui permettent de noter les variations de la vie organique (pouls, respiration, température, etc.), en des circonstances déterminées. Ces diverses recherches procèdent en effet de l'hypothèse — et cette hypothèse est positive au plus haut degré — que la jouissance esthétique est attachée immédiatement à l'excitation, et ne relève qu'en second lieu des images intellectuelles, des associations mentales dérivées et plus complexes.

Vernon Lee (Miss Paget) et Amstruther Thomson [1] ont porté franchement le problème esthétique sur ce terrain nouveau. S'appuyant de la thèse de Lange et de James, ils estiment, et ils justifient par des observations délicates, quelquefois hasardeuses, que les états subjectifs désignés

---

1. *Beauty and Uglinesses*, in *Contemporary Review*. Voy. compte rendu, in *Revue philosophique*, déc. 1897.

par les mots objectifs *haut, large, profond*, par les mots plus complexes *rond, carré, symétrique, asymétrique*, etc., et par les autres mots apparentés à ceux-ci, peuvent être réduits, au moyen de l'analyse, à la connaissance plus ou moins distincte de mouvements du corps variés et diversement localisés, — changements d'équilibre, accélération ou ralentissement des fonctions circulatoire et respiratoire, etc. Ces effets sont appréciables pour le spectateur mis en présence des grandes compositions picturales ou des hauts édifices du moyen âge, par exemple. Ils le sont aussi devant l'œuvre décorative la plus modeste. Vernon Lee et Thomson ne limitent pas la conception de l'art à la création de choses sans utilité. L'idée d'art s'attache, pour eux, à tout objet fabriqué par l'homme, et nous apparaît déjà avec sa véritable importance dans la grossière culture primitive. On s'explique alors, écrivent-ils, comment l'art décoratif a trouvé sans doute son origine dans le plaisir que peut avoir senti quelque homme préhistorique à respirer régulièrement, sans avoir besoin de réadapter ses organes, lorsqu'il traça pour la première fois, sur un os ou dans l'argile, des lignes à intervalles réguliers les unes des autres. Bref, la fonction esthétique, selon eux, est « la fonction qui règle la perception de la forme ». Une harmonie interne répond à notre appréciation des contours et des figures.

M. Maurice Griveau[1] était arrivé à des conclusions pareilles, mais par une méthode différente, moins directe et moins exacte. S'inspirant du livre curieux, l'*Expression dans les Beaux-Arts*, où Sully-Prudhomme a dressé un tableau des principaux qualificatifs communs aux sensations et aux sentiments, M. Griveau a entrepris le dépouillement systématique des mots qualificatifs de notre langue, et les a disposés en des tableaux dont l'ordonnance même révèle certains faits intéressants. Il aboutit, pour le beau subjectif, à cette conclusion, que le sentiment esthétique n'est qu' « une sensation physiologique atténuée ». Quant au beau objectif, il l'entend comme « une somme positive d'harmonies et de dissonances » auxquelles se rattacheraient nos états de sensibilité, « l'aise ou le malaise physiologiques ».

La théorie de M. Griveau (elle est apparentée à celle de Ch. Henry) vise la musique aussi bien que l'architecture et les arts du dessin. L'idée,

---

1. *Les éléments du beau, Analyse et synthèse des faits esthétiques d'après les documents du langage*, etc. (Paris F. Alcan, 1892).

dont elle s'inspire, d'une relation étroite du rythme de l'âme humaine avec le rythme du monde extérieur, — idée à laquelle M. Arnoult, avec la plupart des auteurs, pourrais-je dire, est conduit également, — m'a toujours paru juste. Quant à exprimer en *nombres* cette relation, à retrouver dans la sensation les rapports de la corde vibrante, à ramener à un même point de vue la réussite de certaines séries rythmiques dans la vie du composé chimique, du végétal, etc., c'est là un problème qu'il est malaisé de formuler même d'une manière un peu précise. La vérité qu'on pressent demeure encore à l'état de vague intuition. Elle permettrait seule de résoudre, à mon avis, la contradiction des anciennes doctrines d'un beau *en soi*, d'un « archétype » résidant dans les choses ou dans les idées, avec la doctrine moderne selon laquelle la beauté correspond à des sentiments primitifs affinés au cours des siècles, à un ensemble d'états de conscience plus ou moins riche et variable en une large mesure.

III

Les auteurs que je viens de citer s'occupent

principalement de la « forme ». Or, il est clair que la perception de la forme doit trouver en nous sa « traduction motrice ». L'interprétation du rôle des mouvements pourra d'ailleurs être diverse, et nous avons ici deux thèses, l'une positive, l'autre négative, dont l'opposition n'est pas sans intérêt.

Dans la construction des choses que nous disons belles et des arts qui les traduisent, entrent les éléments les plus variés. Il est possible, dès lors, d'étudier l'emploi de ces éléments sensibles dans les arts. M. Souriau s'y est appliqué, et non sans bonheur ; il a entrepris de dégager les lois de la reproduction artistique du mouvement, rapportées à celles qui le règlent dans la réalité vivante. Trois conditions sont requises, selon lui, pour que le mouvement ait une valeur esthétique : la beauté mécanique, l'expression, l'agrément sensible. A l'égard de cette dernière, qui nous occupe seule maintenant, il arrive à cette conclusion, que « les mouvements qui sont les plus agréables à voir sont ceux qui peuvent être perçus avec un moindre effort intellectuel ». La qualité propre des perceptions visuelles ne jouerait qu'un faible rôle en cette affaire. Il refuse donc l'esthétique des formes et des lignes, tirée de la préférence de l'œil pour certaines directions de mouvement. Il ne veut même pas que notre œil suive une ligne du regard, et il en vient jusqu'à dire que, ce que nous demandons à une figure, c'est « de ne nous obliger à aucun mouvement ».

La théorie récemment soutenue par M. Adolf Hildebrand[1] est voisine de celle-ci. M. Hildebrand, qui est le statuaire le plus estimé de l'Allemagne contemporaine, a abordé, en effet, le problème de la forme dans l'art plastique, et exposé une théorie psychologique du relief et de la vision, qu'il appuie de son expérience d'artiste. L'oubli des simples lois du relief peut faire, il le démontre et j'en ai donné aussi quelques exemples[2], que des ouvrages de sculpture soient d'un aspect déplaisant, malgré la perfection de leur travail. Ses idées sur les conditions de la vision « dimensionelle » sont, en somme, originales. Mais ce n'est pas le lieu de les discuter, et je me borne à relever le trait principal de sa doctrine. « L'image optique, écrit-il donc, nous sert à déchiffrer la constitution d'espace de la nature. » Comme Vernon Lee et Thomson, défenseurs très décidés d'une doctrine contraire, il

1. *Das Problem der Form in der bildenden Kunst* (2ᵉ éd., Strasbourg, Heitz, 1897).
2. Voy. compte rendu, *Revue philosophique*, août 1898.

confère ainsi à l'art un rôle éminent dans notre juste appréciation du monde extérieur. Mais sa formule vise surtout le jugement que nous portons sur la valeur des figures dans l'espace ; celle de Vernon Lee et de Thomson, — nous l'avons rapportée plus haut, — l'état de nos fonctions internes et de notre ton vital. Elle trahit, en un mot, une psychologie purement intellectualiste, au lieu que l'autre est vitaliste avant tout. Ici, la plus grande valeur est accordée à la subordination des plans, à la clarté de la représentation, en d'autres termes, à la facilité de l'acte logique ; là, à l'ajustement de nos organes et à l'état de la sensibilité générale qui accompagne la perception. Si la clarté, cependant, est une condition du plaisir dans l'art, ne semble-t-il pas que nous devions chercher la source de ce plaisir dans les états actifs et agréables que provoque l'œuvre, plutôt que dans les états pénibles qu'elle empêche ?

Une conséquence de sa théorie est que l'éminent artiste, lui aussi, nous veut passifs devant l'œuvre, et purement visuels, en quelque sorte, alors que Vernon Lee et Thomson réclament la permission de faire le tour des belles statues et de les *mimer* pour en jouir davantage. Le problème de l'art n'en reste pas moins le même pour tous ; je veux dire, transformer ou métamorphoser la réalité en vue de satisfaire aux besoins subjectifs de notre organisme, ne fût-ce que le « besoin plastique » dont parle M. Hildebrand. Bien des considérations que j'ai indiquées ailleurs[1] nous obligent à quitter le terrain étroit où se confinent les théories esthétiques fondées sur le simple jugement. Nous ne sommes pas seulement des logiciens spontanés et des hommes qui voient avec leurs yeux, mais encore des machines physiologiques extrêmement complexes, des êtres qui sentent, qui respirent et qui se meuvent.

IV

La question, du reste, offre une face nouvelle, aussitôt que nous considérons les arts où la couleur intervient. Si légitime que soit l'attention accordée aux « mouvements », j'estime que le rôle de la sensation visuelle spécifique a été trop sacrifié par les uns à l'état intellectuel, par les autres à l'état moteur. Si l'on accepte, et c'est l'évidence même, que l'homme, par chacun de

---

1. Voy. compte rendu précité.

ses sens, entre en communication avec les êtres et avec les choses ; que les arts sont ainsi, avec des moyens plus restreints, il est vrai, que la parole, des instruments d'expression et d'échange; qu'il existe enfin autant d'arts ou de langages que de manières de percevoir et de communiquer avec le monde extérieur[1], il ne paraîtra pas possible de négliger la valeur différente de nos sensations et perceptions, puisqu'elles sont la raison première de l'existence des différents arts.

Féré attribue à la couleur une valeur dynamogène. L'expérience vulgaire, sur ce point, est décisive. Vernon Lee et Thomson, de leur côté, assurent que la couleur agit sur la respiration, qu'elle stimule les narines et l'arrière-gorge. « Une sensation de couleur, écrivent-ils, appelle presque involontairement un fort mouvement d'inspiration, qui produit un afflux d'air froid dans la cavité buccale, et cet afflux d'air a un effet singulièrement excitant. » On ne peut nier qu'une excitation locale est, en ces cas, le fait déterminant. Est-il nécessaire que le cortège

---

1. Je laisse de côté toute discussion sur la valeur relative de l'odorat et du goût. — Il n'est pas douteux que ces sens ont leur grande part dans notre vie esthétique ; mais les impressions qu'ils nous donnent n'entrent pas dans l'art au même degré. Un peintre jouit de la senteur des bois ; il ne peut pourtant pas la mettre sur sa palette.

des réactions motrices s'ajoute à la sensation, pour que se produise l'état de plaisir ou de déplaisir physiologique, sur lequel se grefferait ensuite notre sentiment du beau et du laid ? Ceci est la question même que soulève la thèse de Descartes, rajeunie et développée par James et par Lange.

Toute séduisante qu'elle paraît, cette thèse[1] ne trouve pas sa vérification constante. Sans préjuger nullement le résultat des expériences instituées pour la contrôler[2], je demanderai seulement ce qui se passe en nous, lorsque notre admiration, vive d'abord, a cessé plus tard de s'attacher à une page de musique, à un tableau, etc. Ou bien l'adaptation motrice dont on parle ne serait pas changée, et l'émotion esthétique n'en relèverait pas alors absolument; ou plutôt elle s'est modifiée, et ce changement dépend de modifications d'un autre ordre, survenues en nous, qu'il resterait à décrire.

1. On en trouvera la discussion approfondie de G. Dumas (*La Tristesse et la Joie*, Paris, F. Alcan). Je regrette de n'avoir pu utiliser cet ouvrage tout récent, avec les conclusions duquel mon interprétation personnelle semble s'accorder assez bien.
2. Binet et Courtier ont montré que, dans le cas de la *surprise*, le pouls ne se modifie qu'un certain temps après que l'émotion elle-même s'est produite. Ce résultat contredit la thèse, qui ne doit donc pas être acceptée sans réserve.

Il est des artistes que l'architecture ogivale laisse froids ; elle a été méconnue aux derniers siècles. C'est donc que l'état du rythme vital qu'on nous dépeint était troublé ou empêché par des émotions acquises, par des jugements, etc., et que l'impression visuelle évoquait dans le spectateur des « idées » capables d'influer sur ses réactions motrices. Ces réactions, ces ajustements de la respiration et de l'équilibre du corps, ne suffiraient point, par conséquent, à créer l'émotion de toutes pièces et dans tous les cas possibles ; elles serviraient du moins à lui imposer, si j'ose dire, sa constitution physiologique et à la fortifier. Elles seraient peut-être nécessaires ; mais elles subiraient l'influence immédiate d'idées et de jugements, et tireraient quelquefois leur origine de l'impression sensorielle elle-même.

Cette dernière condition ne me semble pas douteuse pour la couleur. Le plaisir qu'elle nous procure résulte certainement d'une excitation locale, et la forme de nos mouvements de respiration et d'équilibre ne fait jamais que la traduire. Comprise de cette façon, la thèse de James et de Lange reste conciliable avec les faits, et, si l'on dénie aux mouvements la puissance de créer l'émotion, ils auraient néanmoins un véritable rôle d'organisation et de renforcement, une fois formés les groupements d'énergie vitale et mentale grâce auxquels ils se produisent dans les cas déterminés[1].

V

Ce que nous disons de la couleur, nous le dirons également des sons musicaux. L'audition musicale, sans nul doute, détermine en nous des modifications du rythme de la respiration et de la circulation, des pressions viscérales, des changements d'équilibre du corps entier, dont le retentissement dans la conscience ne saurait être négligé, et qui contribuent d'une manière appréciable à notre état de plaisir ou de déplaisir. Il n'est pas possible de séparer l'ex-

---

[1]. Qu'on me permette une comparaison avec le sens du goût. Vous donnez à prendre à un enfant un aliment désagréable, comme est l'huile de foie de morue. Aux premiers jours, la sensation physique du corps gras coulant dans la bouche le révolte ; l'odeur du liquide l'affecte également et le choque ; une grimace significative trahit ce malaise et l'aggrave peut-être jusqu'à la nausée. Que l'enfant s'habitue à ce breuvage, et l'état nauséeux disparaît avec la grimace, j'entends avec la réaction motrice : mais cette réaction n'a pu changer que par une accoutumance des papilles de la langue et de la muqueuse olfactive, c'est-à-dire à la suite d'une modification survenue dans les centres nerveux correspondants.

pression musicale des effets de cet ordre, et c'est parce qu'elle les produit au plus haut degré et agit sur notre machine physiologique avec le plus d'énergie, que la musique est aussi le langage de l'émotion par excellence.

Il importe toutefois de remarquer que nos réactions motrices ne sont peut-être pas très différentes dans le cas où nous contemplons un tableau, un édifice, et dans celui où nous écoutons un quator. Les différences possibles tiendraient à un état spécial de la sensibilité, et, si chaque art a son terrain particulier dans le substratum de nos états profonds, ce terrain ne peut être défini que par les impressions spécifiques de l'ouïe ou de la vue.

N'oublions pas non plus que l'élection des sons consonants, dans la multitude des bruits de la nature, est réglée sur la qualité de la sensation. L'établissement de la gamme repose sur la relation constante de l'impression auditive avec les rapports de vibration existant entre les différents sons, c'est-à-dire sur l'accord du rythme psychologique avec le rythme physique. Les divers systèmes musicaux imaginés en vue de la pratique (construction et jeu des divers instruments) ne sauraient s'écarter sensiblement de la gamme type sans blesser l'oreille.

Qu'est-ce donc qui détermine cet accord ? Comment pouvons-nous concevoir cette relation du plaisir de l'oreille avec l'ébranlement de l'air ? De nombreux travaux, dont je n'ai pas à faire l'inventaire, traitent de cette question. Il me suffira de rappeler, parmi les études les plus récentes, celles de Lipps et de Stumpf[1], consacrées d'abord à la critique des théories de Helmholtz, qui a été le rénovateur de l'esthétique musicale. Tous les auteurs se voient obligés de recourir, en dernière analyse, à une appréciation subjective — sentiment inconscient ou jugement des intervalles, des rapports de ressemblance — qui se fonde sur un processus mystérieux, bref, à un inconnu physiologique.

La musique, personne n'en disconvient, en appelle encore à nos émotions morales. Elle agit sur nous par le moyen d'associations nombreuses, spontanées ou ravivées, où nos souvenirs se pressent, mêlant leur couleur à celle des instruments ou des voix. L'expression musicale, en un mot, atteint au plus intime de notre moi affectif et intellectuel ; elle nous saisit par toutes nos fibres. Toujours, cependant, un état phy-

---

1. Carl Stumpf, *Konsonanz und Dissonanz* (Leipzig, Barth, 1898). — Voy. le compte rendu des *Psychologische Studien*, de Lipps, in *Revue philosophique*, avril 1886.

siologique est à la racine, et cet état dépend directement des rapports de situation et de durée des sons qui frappent notre oreille.

Il ne me paraît pas légitime, en somme, de réduire, autant que le font certains théoriciens, la valeur d'une excitation propre dans le plaisir de l'art, dès que l'on constate, par exemple, avec M. Combarieu[1], l'application spontanée des musiciens primitifs à constituer une pratique du rythme. A quoi bon cette pratique savante, si la musique ne prétendait pas à des effets distincts, indépendants de l'émotion poétique? Et puisque cela est vrai du rythme, dont les lois se trouvent liées étroitement aux fonctions primaires de notre organisme, cela l'est aussi du son, qui possède d'autres qualités que la parole. N'est-il pas évident, enfin, que le rôle d'excitation sensorielle, qu'on ne saurait refuser à la musique, a pris une importance toujours plus grande, à mesure qu'elle s'affranchissait de soutenir et d'illustrer, en quelque sorte, servilement la poésie, et qu'elle devenait un moyen d'expression par elle-même?

1. Jules Combarieu, *Théorie du rythme dans la composition d'après la doctrine antique*, suivie d'un *Essai sur l'archéologie musicale au XIXᵉ siècle et le Problème de l'origine des neumes* (Paris, Alph. Picard, 1897), et *Fragments de l'Énéide en musique* (ibid., 1898).

Mais comment devrons-nous qualifier ce moyen d'expression? S'il est vrai que le rythme musical a procédé de la parole, et que la notation de l'accent poétique a conduit à la notation des sons musicaux [1], ce fait n'autorise pourtant pas l'assimilation de la musique au parler proprement dit. La musique est une sorte de langage, sans doute, mais au sens seulement où l'on peut définir comme un langage toute traduction sensible des relations de l'homme avec la nature. Elle est alors un instrument de communication et d'échange pour l'oreille, comme la peinture pour les yeux. Ces instruments demeurent d'ailleurs très différents du langage analytique, et ne sont pas tels qu'on puisse parler d'une « pensée » picturale ou musicale, au sens complet de ce mot. M. Combarieu [2] a soutenu, ou incline à soutenir, la thèse contraire. Il n'y pouvait apporter des raisons décisives. L'art, quel qu'il soit, exprime des émotions, mais ne formule pas des raisonnements. L'artiste assemble les sons et les rythmes dans l'ordre qui lui plaît et satisfait son humeur à

---

1. Voy. les ouvrages de Combarieu ci-dessus mentionnés.
2. *Les rapports de la musique et de la poésie considérés au point de vue de l'expression* (Paris, F. Alcan, 1893). Voy. sur cette question le compte rendu de L. Dauriac, dans la *Revue philosophique*, juillet 1894.

l'heure précise où il compose. La composition même a ses caprices, ses hasards, indépendants de l'état affectif, profond ou léger, du musicien. Ses matériaux premiers sont les images de faits purement physiques, bien qu'elles s'associent en lui aux images des événements de l'âme; et si même l'allure générale d'une page de musique relève bien de l'état du sentiment dans le compositeur, — de son atmosphère morale, pourrais-je dire, — beaucoup y revient aussi à d'autres sources, à des données difficilement analysables, — mais curieuses à analyser, — qui demeurent étrangères à son état affectif ou n'en dépendent pas exclusivement.

La possibilité seule d'imposer plusieurs notations à un même texte poétique trahit déjà l'imprécision relative du langage musical. J'accorde, certes, que deux poètes n'emploieront pas nécessairement les mêmes mots pour peindre le désespoir de Didon, ni deux peintres les mêmes couleurs et les mêmes gestes, et qu'un même artiste aussi fait des retouches. Cela n'empêche point que les sons musicaux, quelque sens qu'ils prennent par leur assemblage, ne sont jamais des éléments comparables aux mots, malgré ce que tel compositeur ambitieux ou tel critique docile en pourra dire[1]. Un musicien ne pense plus en sons et en rythmes, il écrit avec des mots, quand il prétend à raisonner de la musique. La logique de la phrase musicale n'a rien de commun avec la logique de la phrase parlée. Ni le matériel de l'expression, ni le contenu de l'esprit ne sont les mêmes aux deux moments où Grétry, par exemple, écrivait *Richard Cœur de Lion* ou en dissertait dans ses *Mémoires*.

VI

Avec les arts de la parole, la scène change. Il semble que l'émotion morale, abstraite de la sensation, y soit le tout. Une telle affirmation, pourtant, serait excessive. La poésie ne renonce pas au charme de l'oreille ni des yeux. Il ne lui suffit même pas de nous charmer par des qualités de sonorité dans les mots, de richesse dans la rime, d'équilibre dans la phrase, qualités si

---

[1]. J'ai cité une curieuse page de Mendelssohn dans *Mémoire et imagination*, p. 88 (Paris, Alcan, 1895). Le lecteur trouvera, *passim*, dans cet ouvrage, des observations assez nombreuses concernant la musique et les musiciens, les peintres et les poètes.

fines, et néanmoins si réelles, que le poète en jouit à un haut degré dans son œuvre propre, et qu'il ne serait point ce qu'il est sans le sentiment particulier et très profond qu'il en a ; elle recourt encore à l'emploi des qualificatifs les plus variés, et, dans son impuissance à exciter directement nos sens à la façon de la peinture et de la musique, elle supplée à l'excitation sensorielle par l'épithète et par la figure. Aux images de la vue et de l'ouïe, le poète ajoute celles du toucher, de l'odorat ; l'émotion qu'il sent, et qu'il provoque en nous, n'existe pas seulement avec son contenu moral, elle garde son contenu physiologique ; la poésie a déjà cessé d'être en sa verdeur, quand sa résonance s'éteint et que sa faculté d'évocation par la métaphore s'affaiblit.

Un ingénieux écrivain, M. Alfred Biese [1], a défini la métaphore, — le transfert que nous faisons sans cesse des événements de notre âme aux phénomènes extérieurs, — la synthèse par laquelle nous animons de notre vie les choses du dehors et matérialisons celles du dedans, — l'analogie, en d'autres termes, qui nous pousse à comparer continuellement le *moi* au *non-moi* dans nos manières diverses d'imaginer ou de

---

[1]. *Die Philosophie des metaphorischen* (Hamburg und Leipzig, L. Voss, 1893).

penser. Et je n'y contredirais pas, s'il n'exagérait du même coup la portée de la métaphore (elle enferme tous les tropes) jusqu'à signifier les rapports profonds du sujet et de l'objet. La poésie, selon M. Biese, porterait en soi un véritable sens divinatoire. Il oublie de remarquer toutefois que ce sens s'exerce en des limites assez étroites. Les plus belles images qu'eussent inspirées à un voyageur doué de fantaisie les îles de corail semées dans le Pacifique, ne contiendraient pas encore l'explication que Darwin en a donnée.

S'il est avéré que nous n'échappons pas au procédé métaphorique dans la création de nos mots, qui déjà sont des figures, que prouve cela, sinon que nous acceptons spontanément l'unité de l'esprit et du monde, secrète raison de l'analogie que nous construisons sans cesse entre les images de nos sens et les choses qui les produisent, — sans quoi le monde ne serait pour nous qu'une illusion, une apparence? Mais nos métaphores poétiques n'ont pas la vertu de nous révéler le mystère de cette unité, elles n'ont pas pour office de satisfaire la curiosité scientifique, et l'abstraction mentale n'est pas proprement le bagage des poètes [1].

1. A ceci j'ajouterais même, et je ne le dis pas à leur défa-

Cette tendance à surfaire le rôle de la poésie se rencontre dans plus d'un auteur. M. Dorison [1], en un livre subtil, un peu étrange, confère à la poésie et aux poètes une valeur de révélation, de supérieure intelligence des choses, qu'il est difficile de leur accorder plutôt qu'aux hommes de philosophie et de science, dès qu'on a pris la peine d'analyser les éléments du génie poétique. La critique, sans doute, n'atteint pas ici l'élément dernier, et le scalpel tue la vie en la fouillant. Mais que dirions-nous du chercheur d'or qui affirmerait l'existence de ce métal dans une roche où le plus habile chimiste ne le pourrait découvrir ?

M. Maurice Pujo [2] — un écrivain distingué — s'élève contre la théorie objectiviste de Kant, théorie suivie, dit-il, par Séailles et par Guyau, parce qu'elle aboutit à voir dans l'acte esthétique une « connaissance » et réduit l'art à l'imi-

---

veur, que les poètes philosophes à la façon de Vigny ne sont pas toujours de francs poètes, comme les peintres symbolistes à la Chenavard ne sont pas franchement peintres. Certes, un poète, un peintre, un musicien, peuvent avoir une haute conception du monde et la traduire avec les moyens de leur art ; mais ce n'est pas cette conception raisonnée qui les fait artistes, et ils sont alors philosophes par surcroît.

1. *Un symbole social, Alfred de Vigny et la poésie politique* (Paris, Perrin, 1894).

2. *L'Idéalisme intégral, le Règne de la grâce* (Paris, F. Alcan, 1894).

tation. Il tente donc, pour sortir de l'objectivisme, de se placer « au-dessus des lois de la vie ». L'acte esthétique ne serait, pour lui, ni une *pensée* ni un *acte de vie* ; il serait l'*acte pur*, l'activité sous-jacente à chacune des modifications de l'âme humaine, n'ayant d'autre traduction que la *pure émotion,* qui est la « conscience de l'activité ».

Il faudrait, poursuit M. Pujo, dissocier le sentiment et la pensée, qui se trouvent liés l'un à l'autre dans l'acte naturel et primitif, et les reproduire séparément. *Dissocier,* peut-être, à la faveur d'un artifice de l'esprit, — mais *reproduire?* Force est pourtant bien que l'art soit *pratiqué,* qu'il ait une matière et une forme, que l'émotion entre dans un « cadre ». Il n'est pas facile de comprendre, alors, comment la « face représentative » du phénomène, qui « limite l'émotion », pourra s'effacer pour ne laisser paraître que la « face affective, » par où l'âme se trouverait seulement « libre et heureuse » et passerait de « l'état de vie » à « l'état esthétique ».

En même temps, d'ailleurs, qu'il définit l'émotion esthétique « la réminiscence purement affective d'un état de conscience antérieur », M. Pujo veut que cette émotion conserve une forme, et cette forme serait « le rapport selon lequel se trouvaient placées les représentations dans l'émotion de vie », les représentations elles-mêmes étant écartées. L'art aurait pour tâche d'en « fixer » l'harmonie affective et subjective par des « signes ». La matière, la vie, en seraient plus désormais la fin de l'art, elles ne seraient le moyen. La matière, pour l'émotion esthétique, ne serait plus « sa réalité », mais « son symbole ». Contrairement aux Parnassiens, qui se flattaient de créer le fond par la forme, il nous parle de « créer des phrases et des œuvres qui seraient de véritables onomatopées, c'est-à-dire des produits directs de l'âme ». Il se voit conduit par une interprétation abusive selon moi de principes justes, à admirer la langue de certains poètes nouveaux, où le profane ne trouve qu'obscurité. En poussant les choses à l'extrême, on arriverait, j'en ai grand peur, à considérer comme la forme supérieure de tout art le drame réduit à une mimique coupée d'interjections flottantes.

Quant aux conséquences de la théorie, l'une est que cet art, déclaré indépendant de la vie, « ne se réduit plus alors aux harmonies logiques et morales » ; il comprend « toute l'illogicité, toute l'immoralité, etc. ». Mais cette conséquence, le public la repousse quand on veut la réaliser devant ses yeux ; il n'en est pas venu à ce degré de sentir belle dans l'art — autrement que par les procédés d'exécution — une émotion qu'il a sentie laide et immorale dans la vie. Et le public a raison. L'émotion n'est plus rien, si elle n'a pas une qualité, un coefficient, et il faudrait dire, en modifiant la définition de notre auteur, que « la réminiscence d'un état de conscience antérieur reste marquée des qualités de cet état de conscience ».

D'autre part, cet acte pur qu'il rêve d'atteindre, cette émotion dégagée et isolée de la représentation, cette forme qui exprimerait une harmonie interne insaisissable et sortirait du « souffle intérieur », ne sont pas des conceptions très claires. On ne voit pas comment pourraient se faire, ni le passage de la conscience de notre activité à une forme esthétique, ni la communication à la conscience d'autrui par le moyen d'une forme vidée ainsi de son contenu vivant. Pareille ambition ressemble assez à la chimère du meunier fantaisiste qui supprimerait la meule et les ailes du moulin, et, ne gardant que le vent, se flatterait d'obtenir de la farine.

VII

Nous voici rejetés, semble-t-il, dans la théorie de l'art « sociologique ». Il n'en est rien. Ou bien cette théorie, en résumé, professe uniment l'assimilation de l'art à la morale, ou bien elle n'exprime qu'une tautologie, puisqu'il est certain que dans les manifestations supérieures de l'art s'incorporent de toute nécessité, selon les moyens dont l'artiste dispose, les croyances et les tendances de chaque temps. Incomplète devant notre analyse, elle me paraît contredite aussi, en un point principal, par l'histoire des arts et des littératures. L'étude de l'art primitif n'offre pas seulement, en effet, un intérêt historique ; elle apporte une contribution précieuse à la psychologie, et achève d'éclairer notre sujet.

M. Ch. Letourneau [1], qui est l'écrivain français le plus considérable en cette matière, a étudié l'évolution littéraire dans les diverses races humaines. Il réussit à montrer l'union originelle, on peut dire chez tous les peuples, de la

[1]. *L'Évolution littéraire dans les diverses races humaines* (Paris, Battaille, 1894).

danse avec la musique et la poésie ; l'importance de la danse, dans les tribus australiennes, par exemple, au point de vue social ; l'origine, dans la pantomime ou danse mimée, du drame, qui serait ainsi une forme primitive, loin d'avoir apparu nécessairement après l'épopée : l'étude exclusive des classiques grecs avait pu le faire croire. Il a mis en lumière la prédominance du rythme dans la musique et la poésie des sauvages, sans insister pourtant, comme il eût fallu, sur leur faible sentiment des intervalles, qui est presque nul parfois, selon l'enquête de M. Grosse.

Sur ces quelques points, qui sont solides, Letourneau se rencontre du reste avec ce dernier, qui est l'auteur du meilleur ouvrage paru en ces derniers temps sur les origines de l'art[1]. Grosse a noté encore que la plupart des ouvrages d'art, chez les primitifs, se rapportent à des buts pratiques, non moins, et souvent même plutôt, qu'au sentiment esthétique ; que les ornements reproduisent les objets familiers ou utiles ; que la poésie et les contes traitent aussi de ce qui intéresse la tribu.

De même, pour les groupes d'hommes qu'il

1. Ernst Grosse, *Die Anfaenge der Kunst* (Freiburg-i.-B. et Leipzig, Mohr, 1894).

a spécialement étudiés, M. A.-C. Haddon[1] a pu ramener les matériaux du primitif art ornemental à l'usage et à la transformation décorative d'objets artificiels et naturels. Quant aux raisons pratiques ou sociales de cet emploi décoratif, il les trouve dans un besoin d'art instinctif, dans le désir de transmettre la pensée (écriture hiéroglyphique), dans le goût du luxe qui suit la richesse, enfin dans la religion.

Il résulte encore du dépouillement des épithètes et des figures, à quoi plusieurs auteurs se sont attachés, que les poètes primitifs emploient de préférence les épithètes qui traduisent le mouvement ou expriment l'utilité; la terre est, pour eux, *riche en gazons, fertile en troupeaux,* etc. La richesse de la langue, par exemple chez les Cafres, dépend de l'utilité qu'ils trouvent à créer des mots. Des renseignements curieux nous ont été livrés aussi par les recherches déjà anciennes sur l'évolution du sens des couleurs, dues à Hugo Magnus, à Peschel-Loesche, à Lazarus Geiger, etc[2]. Il demeure établi, en somme,

1. *Evolution in Art, as illustrated by the life-histories of designs* (London, W. Scott, 1895).
2. On trouvera un bon exposé de la question dans le livre de R. Hochegger, *Die geschichtliche Entwickelung des Farbensinnes*, etc. (Innsbrück, Wagner, 1884). Voy. compte rendu, in *Revue philosophique*, mai 1885.

que le discernement des couleurs marque une acquisition, ainsi que le discernement des sons[1]; et cette acquisition a marqué le progrès de la musique et de la peinture[2].

Ces résultats généraux (on me pardonnera de les noter si brièvement) sont des plus instructifs. Ils suffisent à démontrer, en premier lieu, l'indivision originelle des arts, confondus d'abord en quelques manifestations grossières; en second lieu, le caractère étroitement utilitaire et social des arts primitifs, en attendant que le sentiment esthétique se développât et s'affinât en se spécialisant. De plus, ils confirment pleinement cette conjecture nécessaire, que l'activité esthétique — pour nous servir des expressions de Ribot — avait à son origine « quelque utilité indirecte pour la conservation », qu'elle s'appuyait « sur des formes d'activité directement utiles, dont elle était l'auxiliaire ». A quoi j'ajouterai, — et cette remarque mériterait quelques éclaircissements, — que notre vie esthétique comprend un large domaine, dont l'ex-

---

1. Wallaschek, *Primitive music*. (Voy. l'article de Dauriac, in *Revue philosophique*. juillet 1894).
2. J'ai indiqué moi-même une loi d'évolution de la peinture, dans la *Psychologie du peintre*, 2e partie, chap. III (Paris, F. Alcan, 1892). La recherche de la couleur y marque le dernier stage.

pression du beau proprement dit n'épuise point les richesses[1]. Ils nous apportent la preuve que si le sentiment dont nous parlons a été mis, surtout à l'origine, au service des besoins collectifs, il tend bientôt, et de plus en plus, vers l'individualisme, que les arts cessent même, avec le temps, d'avoir l'homme seul pour objet, et finissent par embrasser la nature entière. Leur évolution nous apparaît liée à l'éducation de nos sens, à l'affinement de nos perceptions, à l'extension enfin de nos sentiments sympathiques, ainsi que Ribot l'a également reconnu pour l'art en général et que M. Lacombe le faisait remarquer pour l'histoire littéraire en un récent ouvrage[2].

VIII

Cet examen nous conduit naturellement à nous défaire des vaines étiquettes affichées par

---

[1]. Bonne indication sur ce point dans un intéressant ouvrage de M. Giovanni Piazzi, *L'Arte nella Folla* (Milano-Palermo, Sandron, 1900). M. Piazzi distingue les plaisirs esthétiques, qui sont liés aux fonctions utiles et s'épuisent avec elles, des sentiments artistiques, qui peuvent bien s'appuyer sur eux, mais se déploient dans un champ supérieur.

[2]. Louis Lacombe, *Introduction à l'histoire littéraire* (Paris, Hachette, 1898).

les écoles. Guyau lui-même, si expert et si délicat, a commis la faute de ne considérer avec une suffisante attention ni les origines historiques, ni les états psychologiques élémentaires. Il n'a pas résisté à l'illusion de substituer à une formule précise, je veux dire l'idée de l'art comme activité de luxe, — ajoutons comme utilité biologique, — une formule vague que j'ai, pour ma part, combattue depuis longtemps.

Si l'art en effet, comme il le dit, est une excitation qui stimule la vie en nous sous ses trois formes à la fois, sensibilité, intelligence, volonté, et « produit le plaisir par la conscience rapide de cette stimulation générale », il s'agit ici d'un état dernier et indistinct, qui ne relève pas absolument du travail particulier de l'artiste et ne suffit pas à caractériser l'émotion du beau. « On ne parle pas, écrivais-je jadis à ce sujet [1], d'une belle découverte scientifique, d'une belle cure de la rage ou d'un biberon perfectionné comme on parle d'une belle symphonie ou d'un beau drame. Les divers effets agréables, en un mot, qui naissent en nous au spectacle des choses belles ou vraies, bonnes ou utiles, peu-

[1]. *Journal d'un philosophe*, p. 198. Voy. aussi le chap. VII, d'ailleurs incomplet et hors d'œuvre, de *La morale dans le drame*, 2ᵉ édit. (Paris, Alcan, 1889).

vent bien aboutir à une excitation dernière de même nature, et se confondre en la source profonde de l'être vivant, sans que les voies parcourues et les moyens employés aient jamais été les mêmes. »

Pareille objection s'adresse à la théorie *algédonique* (peine-plaisir) proposée par M. Henry Rutgers Marshall[1]. On accordera à M. Marshall, sans doute, que le caractère propre du plaisir esthétique est d'être un plaisir relativement permanent, dont la durée s'obtient par une sorte de sommation des états agréables attachés à chacun des éléments de notre vie consciente, sensation, émotion et intellect. Ce caractère de permanence a été relevé également par quelques-uns des auteurs cités plus haut. « C'est seulement, écrit M. Arnoult, par un désir immodéré de *permanence vitale* que l'homme a créé cette noble fiction, lui donnant l'illusion de l'éternité, qu'on appelle l'art. » M. Lacombe fait remarquer à son tour que si l'émotion ravivée que l'art procure est plus faible que l'émotion originelle, il permet du moins de se la procurer à volonté et de la répéter indéfiniment.

1. *Aesthetic principles* (New-York, Macmillan, 1895). Voy. encore son ouvrage, *Pain, pleasure and Aesthetics*, etc., 1894, analysé par M. F. Pillon, dans la *Revue philosophique*, oct. 1896.

Ce serait une erreur du reste, notons-le en passant, de restreindre le génie à ce pauvre moyen. L'activité esthétique crée du nouveau ; l'œuvre d'art est l'expression directe et puissante d'un état intérieur : elle nous donne une représentation originale, non pas un décalque d'impressions affaibli et décoloré [1].

Nul doute sur cet autre point, que tous les éléments de notre vie consciente ont dans l'art leur place légitime. Il faut pourtant bien limiter son domaine dans ce vaste champ du « plaisir ». Tout plaisir n'est pas jouissance d'art, alors que tout fait esthétique est agréable. Or, comment distinguer l'art de la science, et les arts entre eux, si nous négligeons de considérer la nature de l'élément dominant dans le plaisir esthétique, l'appel à un mode particulier d'impression, les moyens spéciaux, enfin, par lesquels ce plaisir s'obtient et se rajeunit ?

De ce côté seul porteront utilement nos réflexions. L'étude expérimentale et l'investigation ethnographique ou historique, l'observation directe ou indirecte sous toutes ses formes, voilà

---

1. Voy. un mémoire, un peu abstrait et systématique, récemment publié dans les *Atti de l'Academia Pontaniana*, de Benedetto Croce, *Tesi fondamentali di un' Estetica come scienza dell' espressione* (Napoli, Tessitore, 1900).

le vrai terrain des recherches futures[1]. Quant à relever avec éloquence la mission morale de l'art, cette leçon ne manque pas d'actualité peut-être, en un temps où le génie de l'artiste s'abaisse et se compromet souvent aux mauvais lieux. Il restera toujours, sur un pareil sujet, de belles phrases à écrire ; mais elles seront faiblement instructives pour la psychologie. Autant nous devons nous préserver d'humilier l'art en méconnaissant une de ses conditions, qui est de ne contredire ni à notre logique scientifique ni à notre logique morale, autant nous devons éviter cette autre erreur, qui est de lui imposer un rôle de prédication et de forcer ses moyens[2].

Que dis-je ? Il s'est rencontré des écrivains, et tout récemment M. Mario Pilo[3], pour appeler

---

1. Telle est aussi l'opinion de Pékar, dont M. Ossip-Lourié annonce l'ouvrage, *Esthétique positive*, publié à Budapest, dans le n° de janvier 1899 de la *Revue philosophique*. Pour lui, les phénomènes esthétiques sont tous des phénomènes physiologiques.

2. Ainsi Paul Stern, *Einfühlung und Association in der neueren Aesthetik* (Hamburg u. Leipzig, L. Voss, 1898), recourt à un raisonnement laborieux pour établir que l'émotion de l'art est alliée à nos sentiments de toute espèce. Il arrive à proclamer l'équivalence, à quelques égards, de l'esthétique et de la morale. — Tolstoï veut aussi que l'art devienne « un moyen de perfectionnement moral », à quoi je suis loin de contredire, une fois faites les réserves nécessaires.

3. *Psychologie du beau et de l'art* (Paris, Alcan, 1895). Traduit de l'italien par A. Dietrich.

l'art à remplacer la religion. La prétention en est fort exagérée. L'art, on ne saurait trop le répéter, se confine dans l'émotion ; mais la religion veut être aussi une connaissance. Ou encore, au sens précis où l'art est un savoir, il est l'appréhension de vérités autres et choisies en vue d'une autre fin [1]. Il se peut que le culte du beau occupe pleinement une âme et la saisisse avec autant de force que le pourrait faire la méditation religieuse ou philosophique. Les deux états, néanmoins, restent distincts, et, quoique la jouissance des choses belles ajoute à l'émotion de la religion, elle ne lui est pas indispensable.

Au début de l'âge chrétien, tous les arts étaient renfermés dans l'église ; ils ont ensuite pris leur vol hors de l'aire sacrée, comme des aiglons, en un ordre qui se justifie et par la nature de chacun et par les conditions de sa technique [2]. Cette harmonie, réalisée alors sous la voûte des cathé-

---

[1]. Voy. quelques bonnes pages de E. de Roberty, *Les fondements de l'éthique*, chap. II (Paris, Alcan, 1898).

[2]. L'importance de la technique dans l'histoire de l'art et dans l'*invention* artistique est trop négligée par la plupart des auteurs. J'en ai fait ailleurs la remarque (*Revue philosophique*, oct. 1896) à propos d'un livre de Lansing Raymond, *Painting, Sculpture and Architecture as representative Arts* (New-York, Putnam, 1895), et de deux écrits de Scalinger, *Aesthesis* et *La Psicologia a teatro* (Napoli, Fortunio, 1896). L'idéal même n'avance et ne se précise que par le moyen des réalisations successives où il se peut appuyer.

drales, comme autrefois dans les sanctuaires d'Égypte et de Grèce, chacun de nous peut la créer en soi-même et composer de toutes ses énergies un vivant accord où l'émotion de la beauté apporte sa note vibrante et pure. L'esthéticien qui se pique le plus d'être sublime ne saurait guère exiger davantage. N'oublions jamais, nous, qu'une esthétique scientifique repose d'abord sur des recherches précises et ne se construit pas avec des rêves.

MORALE ET RELIGION

I

Si je place ici la morale sur le même rang que l'esthétique, à la suite de la psychologie, cette disposition des matières n'implique point que je tienne la morale pour un phénomène qui serait indépendant de la sociologie. J'estime au contraire, je pourrais dire avec nos principaux philosophes modernes, que moralité et socialité sont synonymes. La morale, d'ailleurs, relève encore de la psychologie, en ce sens qu'elle a un contenu psychologique, — émotions, sentiments et jugements, et que ce qu'on appelle l'obligation morale se forme et se soutient, en définitive, par une sorte de mécanisme intérieur, dont l'analyse appartient à la même discipline. Mais la création du contenu variable de la conscience et l'orientation des volontés, individuelles ou collectives, ne sauraient s'expliquer en dehors de la société, et l'action morale se confond enfin avec l'action sociale elle-même, dont elle est l'âme.

On a montré — je rappelle ces questions sans y insister — que notre activité pratique a sa source dans notre physiologie même, dans ce fond des tendances organiques sur lequel s'épanouissent nos émotions supérieures : on a relevé la valeur de la sympathie, qui est une force spontanée, originale, ainsi que du sentiment logique, qui donne à notre notion de justice sa forme première : la règle de la vie ne se trouve donc plus seulement, ni dans le plaisir et la douleur (c'est l'hédonisme), ni dans l'intérêt bien entendu (c'est l'utilitarisme), mais elle résume les conditions de notre adaptation au milieu physique et au milieu social, à nous imposées, comme le disait déjà Montaigne, par la raison, et aussi par l'appétit.

Pour l'obligation, elle apparaît comme un ensemble d'émotions, de sentiments, organisés en vue d'un résultat positif, quel que soit l'objet auquel elle s'applique. Elle représente le côté intérieur de la morale, tandis que la création des commandements moraux est affaire d'expérience, et l'on comprend alors que l'obligation se déplace et suive les lois, en quelque sorte, sans que soit modifiée la nature du lien, créé par l'habitude, qui enchaîne notre volonté à ce que nous sentons et jugeons être le devoir [1].

Cette manière d'envisager les choses conduit évidemment à écarter toute conception théologique ou métaphysique de la morale ; elle ne permet plus de chercher dans le devoir une règle extérieure ou une révélation directe, dans l'obligation un « impératif catégorique ». L'homme devient, sous les conditions générales de la vie, l'artisan de sa propre conscience ; la justice est sa création, la moralité son œuvre.

Cependant l'objet du devoir change, et c'est ici l'aspect social de la question, qu'il faut distinguer de l'aspect psychologique. Nous voyons, sans doute, les premiers législateurs dénoncer tous à peu près les mêmes crimes, parce que ces crimes offensent des intérêts ou des sentiments très généraux. Les injonctions simples des codes primitifs ne suffisent pourtant pas à résoudre les questions nouvelles, qui naissent de relations plus étendues et de circonstances variables. Alors commencent les législations savantes, dont le développement aboutit à des structures assez divergentes, bien qu'elles reposent toutes sur les assises de ce qu'on a appelé la morale univer-

1. Je prends la liberté de renvoyer le lecteur à mon livre, *Les croyances de demain*, chap. III et IV de la 1re partie.

selle. Dans cette lente et incertaine formation du droit, on remarque donc des principes qui demeurent, et ces principes sont d'abord ceux de cette morale élémentaire. Mais le travail d'accroissement du droit ne s'arrête point ; il existe toujours dans les sociétés, si l'on me permet cette figure, une zone d'indétermination, enveloppant leur noyau solide, qui est celle des faits discutés, des conflits moraux non encore résolus[1].

Solution des conflits, formation d'un nouveau droit, tel est, en effet, le fond des grands drames sociaux. Si ces drames s'accomplissent, dans l'ensemble, en dehors de nos théories contradictoires, encore devons-nous tâcher à construire une doctrine qui les serre d'assez près pour les expliquer et qui ne conduise pas non plus à des pratiques manifestement absurdes.

II

Guyau avait pris dans ce débat une position particulière. Il voulait supprimer l'obligation, en même temps que la sanction, et il en cherchait

---

1. M. le président L. Tanon (*L'Évolution du droit et la conscience sociale*, Paris, F. Alcan, 1900) comprend dans ce fonds, successivement agrandi, les « idées de justice » qui prévalent dans une société, idées liées, dit-il justement, à nos conceptions éthiques, politiques, philosophiques, religieuses.

des « équivalents » dans les qualités mêmes de la vie. La « force » qui veut s'exercer, l' « idée » qui modifie l'emploi de la force, l' « altruisme » qui qualifie l'idée, le « plaisir du risque » physique et métaphysique, étaient pour lui les puissances naturelles capables de créer le devoir et d'engager l'individu au sacrifice.

A mon avis, cette théorie du risque est une traduction élégante du problème plutôt qu'une solution. Encore cette traduction enferme-t-elle deux sens très différents, selon qu'on y relève de préférence, comme ont fait les anarchistes, l'appétit de vivre donné pour unique principe de la vie, ou que l'on espère imprudemment, avec Guyau lui-même, régler sur l' « amour » cet appétit de la vie qu'on laisse sans direction ni frein. Force est toujours bien de reconnaître l'accord de nos tendances avec l'ordre moral que nous concevons, et il faut bien aussi que l'expérience humaine, en somme, ait fortifié ces sentiments fondamentaux, assuré cette direction spontanée de la volonté, qui ont pu seuls porter les hommes à tenter avec constance la noble aventure du devoir. Par là, les idées d'obligation[1] et

---

1. *Obligation* prend ici le sens de *devoir*; autre chose est le lien psychologique marqué par le sentiment de l'obligation, dont je parlais plus haut.

de sanction s'introduisent de nouveau dans nos calculs ; mais elles y prennent une valeur positive, et tous les moralistes acceptent au moins qu'elles se définissent dans la pratique sociale, quelque réserve que puissent faire les théologiens et les métaphysiciens sur le caractère divin du devoir ou sur la portée ultérieure de la sanction.

III

Ainsi l'on trouve dans Guyau, je dirais à l'état faible, et la doctrine de Nietzsche, et celle de Tolstoï. Nous rencontrerons tout à l'heure ces deux écrivains. Marquons maintenant le point ferme où l'on semble se tenir, d'après des *Conférences*[1] récemment publiées, qui émanent des hommes les plus divers, économistes, philosophes purs, et orateurs de la chaire.

M. E. Delbet, l'un de ces maîtres, entend déduire la morale de la théorie cérébrale et de l'expérience ; il assigne à l'art qui lui correspond la charge de maintenir ou de rétablir l'homme dans les conditions les meilleures pour assurer

---

1. *Morale sociale, leçons professées au Collège libre des sciences sociales* (Paris, F. Alcan, 1899).

le triomphe de la sociabilité sur la personnalité, de l'altruisme sur l'égoïsme.

MM. G. Belot et Ch. Gide s'accordent avec M. Delbet sur ces principes généraux. L'homme, écrit M. Belot, n'a point eu de maître extérieur pour lui enseigner ses devoirs et ses règles de vie; l'expérience a seule pu les lui faire connaître. La moralité même n'est pas un produit direct de l'intelligence, de la réflexion ; elle dérive d'une adaptation plus ou moins instinctive. M. Gide relève plus particulièrement l'apport du sentiment logique, auquel correspond l'idée de justice prise au sens étroit, et le rôle social si important de la sympathie. Il justifie, contre Spencer, la charité, qui est aussi un produit de l'évolution ; il ne veut pas qu'elle soit exclue des contrats, mais qu'elle les imprègne : la charité acceptée par tous ne serait que la Loi.

M. le Pasteur Wagner institue, en place de l'autorité extérieure, qu'elle vienne de l'homme ou de Dieu même, l'autorité intérieure, la « raison » et la « conscience ». S'efforcer de suivre la raison, dit-il, c'est être sur le chemin de la vérité ; s'efforcer de suivre la conscience, qui n'est autre chose que la raison appliquée à la qualité de nos actes, c'est être sur le chemin de la justice. « L'une est la règle de la pensée ;

l'autre, la règle de l'action. » Et si l'on demande quelle sera cette règle de l'action, c'est-à-dire comment s'est formée la conscience, l'orateur répond que « la loi d'un être résulte de sa nature totale », que « toute conduite destructive de l'équilibre humain est immorale », en un mot, que l'expérience décide encore, puisque nous ne pouvons atteindre la loi que par « l'interprétation des lois mêmes de la vie, telle que Dieu la crée ».

Ainsi l'évolution normale, totale, étant la vraie vie, la bonne vie, selon M. le Pasteur Wagner, elle ne saurait jamais être le triomphe de l'individu en opposition avec le corps social. L'individu, la société, sont des existences connexes; prises isolément, elles ne sont plus que des abstractions sans vie.

M. de Roberty expose à son tour une doctrine selon laquelle l'individu n'est pas seulement lui-même, mais encore *autrui,* « une force en rapport permanent avec d'autres forces semblables ». L'altruisme est aussi pour lui un fait fondamental; la nature, une extension infinie de l'homme.

M. M. Bernès en appelle, un peu vaguement, à l' « action », — sorte de devise aujourd'hui fort à la mode. S'il est bon d'agir, encore faut-il d'abord s'entendre sur ce qu'il convient de faire en des cas déterminés, et c'est justement où les hommes ne s'accordent plus, alors même qu'ils invoquent les mêmes principes. Ainsi nous venons de voir MM. Gide et Belot conclure autrement que Spencer à l'égard de la charité, et je crois bien que le R. P. Maumus, qui réclame avec force et sincérité la liberté d'enseignement, éprouverait pourtant quelque regret de la laisser à ceux qui s'en font une arme contre la discipline catholique.

En contradiction avec les précédents penseurs, M. Darlu repousse la conception de l'évolution en morale. Il n'accepte pas que la moralité ait une origine sociale ; ou du moins, s'il est vrai que l'idée de la lutte pour la vie et l'idée de la solidarité, — idées connexes autant qu'elles sont antagonistes, — expriment les faits ou les caractères les plus généraux du milieu social dans lequel notre activité morale doit s'exercer, il estime que ces faits limitent alors la morale, mais ne sauraient la régler. Il veut donc qu'il y ait dans l'âme un point fixe ; que l'âme, étant de nature spirituelle, mêle à toutes ses actions d'une heure une pensée d'éternité : et tel serait le véritable principe moral, principe « formel » au sens Kantien. Ce n'est pourtant là, si je ne me trompe, qu'affirmer *a priori* la nature du lien qui rattache l'ordre humain à l'ordre universel. Il suffit d'admettre qu'un tel lien existe, sans ambitionner de le définir, pour faire s'évanouir les dissidences d'école, et, dès qu'on presse les doctrines, on reconnaît bientôt qu'elles se fondent toutes, à quelque degré, sur cette large conjecture.

IV

Je reviens à M. de Roberty, dont la théorie très travaillée[1] réclame néanmoins une hypothèse qui ne laisse pas que d'être discutable. L'éthique, selon lui, doit être comprise comme une science abstraite des faits sociaux, qu'il importe de distinguer de leur étude concrète. Les idées et l'évolution des idées forment le vrai contenu de la sociologie : la société ne prend naissance et ne se développe que par la liaison, toujours plus étroite, des idées et des actions. En regard de la morale, qui en demeure le fond essentiel, l'histoire n'est qu'une sorte de géologie sociale, une vaste psychologie des races, des

1. Voyez la série des petits volumes publiés sous ce titre général, *L'Éthique*.

peuples, des classes, des foules, et surtout des individus.

Je n'ai pas d'objection à faire à cette théorie « bio-sociale », que l'auteur emprunte à Comte en la rajeunissant. Une réserve me paraît nécessaire toutefois, — et je l'ai déjà marqué plus haut[1], — en ce qui concerne le « psychisme social », tel au moins qu'il essaye de le définir. Non pas que je me refuse à voir dans ce phénomène si remarquable, — c'est la conscience du *moi* que je veux dire, — une nouvelle forme d'énergie cosmique, et j'incline plutôt à considérer l'âme sous cette figure, que ne dément point une conception raisonnable du monde; mais je ne sens pas le besoin de détacher de l'individu la conscience, pour en composer une sorte d'état impersonnel ou d'être collectif, une entité chimérique, impossible à concevoir.

M. de Roberty a raison d'écarter la difficulté qui naît de l'apparent antagonisme impliqué, écrit-il, dans la conservation de la vie organique. Si d'ailleurs la solidarité des intérêts particuliers et des intérêts généraux est, sans nul doute, de nécessité logique, leur concordance ne se découvre cependant que dans la masse, et le senti-

---

1. Voir p. 42.

ment immédiat que nous avons de leur contradiction est comparable, en quelque manière, à ces illusions visuelles, à ces fausses perceptions, que le raisonnement vient corriger.

J'en dirai autant de la sanction. Elle apparaît avec évidence, — je n'hésite pas à le répéter — dans la suite des événements humains, si elle ne se vérifie pas toujours dans les cas particuliers. On ne conçoit pas la nécessité d'un acte sans la probabilité des conséquences. Ceux qui affirment que les principes de la morale sont une connaissance immédiate, ne sauraient imaginer pourtant qu'elle ne trouve dans les faits aucun soutien. Encore moins le peut-on dans l'hypothèse contraire ; il n'est plus permis alors de supposer que l'expérience contredise les notions mêmes qu'elle a fait naître, et l'épreuve de la vie doit vérifier, d'une manière générale, les sentiments qu'elle a implantés ou consolidés au cœur de l'homme[1].

V

Un sociologue américain des plus distingués,

---

[1]. « L'immoralité, écrit finement Edm. Thiandière, *La soif du Juste* (Paris, Westhausser, 1895) donne souvent de beaux acomptes, mais toujours elle se solde par un passif énorme. »

M. Lester F. Ward[1], professe une doctrine qui confine à celle de M. de Roberty. Il relève l'influence directrice de l'intelligence dans l'évolution des sociétés, et affirme la supériorité des processus artificiels, ou téléologiques, sur les processus naturels, ou génétiques. En biologie, fait-il observer, règne la sélection naturelle ; en sociologie, la sélection artificielle. L'esprit joue donc un rôle, qu'il s'agirait de préciser, dans les phénomènes sociaux. Il existe des forces sociales, sans lesquelles la science de ces phénomènes serait impossible ; et ces forces, dont l'étude spéciale reste l'objet de la psychologie, sont, d'une part, le plaisir et la douleur, les désirs, ou d'un mot la volonté, de l'autre les facultés mentales proprement dites. L'élément dynamique de la société, c'est la volonté ; l'élément directeur en est l'esprit.

Mais quel est le rapport de la morale à la sociologie ? M. Ward s'étonne que des philosophes tels que Spencer aient fait de l'éthique le point culminant d'une philosophie synthétique. Au fond, dit-il, la morale est négative ; ce que nous nommons la « conduite » est un simple

---

[1]. Je m'en réfère particulièrement à son ouvrage, *The psychic Factors of Civilization* (Boston, Ginn and C°, 1893).

cas des lois générales de l'action. Des actes qui sont moralement bons peuvent même, en bien des cas, être socialement mauvais. La charité, par exemple, est une vertu. Que signifie-t-elle, sinon une interférence dans la vie sociale? Elle a pour unique effet d'y diminuer les frottements. On a combattu la charité en invoquant la loi de la survivance des plus aptes: c'était commettre l'erreur d'assimiler la vie humaine à la vie animale. L'objection à faire est que la charité ne profite pas surtout à l'indigent, mais aux non-charitables, qui se trouvent dispensés de remplir un devoir social. Le problème moral et le problème sociologique sont inverses. Dès que la morale vise à être scientifique, elle rentre dans la sociologie. La plus haute fin de la vertu, comme on la définit d'ordinaire, est de se rendre inutile. Les désirs cherchant à se satisfaire par une activité appropriée, voilà le vrai sens de la morale, le seul et juste point de vue sociologique.

Cette définition est bonne à retenir, et je pense qu'elle exprime assez exactement la situation, pourvu qu'on ne la force point et qu'on n'équivoque pas avec les mots de morale et de vertu. Il est certain — et je l'ai aussi écrit ailleurs — qu'on ne saurait s'en tenir, devant les événements de l'histoire, au sens étroit de la morale d'école, qui est surtout prohibitive ; il nous faut en élargir l'idée, et la prendre comme une science générale de la vie, dont l'expérience reste la régulatrice. « Le moraliste ordinaire, remarque M. Ward avec finesse, ressemble à un ingénieur qui étudierait les *frottements* dans une machine dont il ignorerait les lois. » Tout en acceptant que les individus, et à plus forte raison les collectivités, ne doivent être jugés que sur la somme de leurs actions, et estimés sur leur quantité disponible d'énergie, il importe encore de ne pas déprécier la valeur de la morale stricte, en tant qu'elle représente également de l'expérience condensée, pour ainsi dire. Et si maintenant nous allons au delà, si nous discutons la raison dernière de la conduite, la signification des conflits moraux et le « sens de la vie », le problème se transforme, la question passe de l'ordre pratique à l'ordre métaphysique. Il peut arriver alors — Nietzsche et Tolstoï nous offrent les types frappants de ces tendances — que la morale se dissolve dans la négation de toute vérité en soi, ou qu'elle se réduise à la poussée de la passion, du sentiment, qu'elle devienne, en un mot, chose individuelle, en s'affranchissant de la sociologie, à laquelle on s'efforçait de la rattacher.

VI

Le génie de Nietzsche[1], inquiet, excessif, trahit peut-être déjà, aux meilleurs jours, la grande infortune qui commande aujourd'hui notre respect. Il reçoit les influences les plus diverses, celle de Schopenhauer et de Voltaire, de Darwin et de Renan. Il s'absorbe pour un temps dans les intelligences qui l'attirent ou l'irritent, plutôt qu'il ne les pénètre ou les domine : il brûle ses dieux, tour à tour, et les adore, gardant toujours cette espèce de logique dans ses variations, qui est de se succéder à soi-même, en quelque sorte, et de jouer devant son propre miroir des personnages qui se contredisent. Une pensée personnelle jaillit cependant de ses luttes intestines, et il a raison plus d'une fois, quand il proteste contre toute servitude

---

[1]. Parmi les études déjà trop nombreuses composant la littérature de Nietzsche, je signalerai les deux suivantes : Wilhelm Weigand, *Friedrich Nietzsche, ein psychologischer Versuch* (Muenchen, Luksachik, 1893) ; — G. Zoccoli, *Federico Nietzsche* (Modena, Vicenzi e Nipoti, 1898). — Voy. encore R. Schellwien, *Max Stirner und F. Nietzsche* (Leipzig, Pfeffer, 1892), pour le rapprochement de leurs doctrines. — Dans la librairie française, deux petits volumes de M. H. Lichtenberger, parus chez F. Alcan (1898 et 1899).

volontaire. Mais il brouille et défigure bientôt ses plus claires idées, et les pousse jusqu'au grossissement du délire, soit que, par haine du féminisme et de ce qu'il nomme la « morale d'esclaves », il bannisse la pitié et la sympathie, qui n'en sont pas moins des forces naturelles, soit que, par horreur des contraintes rituelles, il secoue toute morale et abandonne la conduite de la vie à l'appétit de domination et de puissance. Sur un raisonnement trop simple, à la Jean-Jacques, il jette des obscurités d'apocalypse. Par insuffisance d'analyse, par abus d'abstraction et de métaphores, il fabrique de nouvelles idoles, et se vante qu'elles ne sont pas de commune argile, parce qu'il les a pétries de ses doigts.

Nietzsche dédaigne la doctrine chrétienne d'une Providence. Il dénonce l'illusion humaine du devoir ; il réduit ce qu'il appelle notre « volonté de vérité » à la « conscience d'un problème », et conclut à la mort de la morale, — « spectacle grandiose en cent actes, écrit-il assez étrangement, réservé pour les deux prochains siècles d'histoire européenne, spectacle terrifiant entre tous, et peut-être fécond entre tous, aussi, en magnifiques espoirs. » Ce n'est pas dans le socialisme qu'il met ces espoirs, car il y hait un assujétissement insupportable, mais bien dans l'éternelle révolte et dans la guerre. Il tourne en moquerie les promesses d'un règne de la justice et de la concorde, qui serait, dit-il, « le règne de la plus abjecte médiocrité et de la pire chinoiserie. » A un pareil état, il préfère le le plaisir du risque, du risque à la Guyau, mais qui s'emploie cette fois à écraser autrui, non à le relever. Il maudit la science, enfin, parce qu'il y voit un instrument de la démocratie, et parce qu'elle nous arrache, pense-t-il, l'illusion de notre importance, comme si la revanche de l'homme chétif sur l'univers qui l'écrase n'était pas de le mesurer et de le comprendre !

Dans le désordre d'une inspiration qu'il ne surveille plus, Nietzsche bâtit donc sa société future sur une donnée imaginaire. Son « surhomme », le héros de sa « morale de maîtres », n'est qu'un monstre incompréhensible. Qu'est-ce donc que cet *individu*, qui prétend ne relever que de soi-même ? Pour le faire vivre, il faudrait le supposer sans hérédité, sans éducation, sans famille et sans patrie. Semblable au chardon qui aurait poussé sur un rocher solitaire, le surhomme aura beau lever sa tête orgueilleuse vers le ciel et mépriser l'humble lichen qui s'attache à la pierre ou à l'écorce ; comme ce lichen, il est sorti d'une graine, il tire sa substance du sol et de l'air, et reste soumis à des conditions générales de croissance. Quelle serait la valeur de tendances et d'instincts qui contrarieraient ceux de l'espèce ou lui seraient même étrangers ? Si le héros de Nietzsche a une fierté qui n'est pas pour nous déplaire, il se ramène quelquefois aussi à la figure banale de l'étudiant allemand qui raille le philistin. Mais bientôt la vie le roule dans son torrent, la réalité dissipe ce fantôme, et le surhomme, hélas ! n'est plus à la fin qu'un pauvre homme qui a besoin d'une garde-malade.

VII

Quel autre personnage apparaît d'abord Tolstoï ! Mais le Tolstoï philosophe — nous ne parlons pas de l'observateur, du romancier — n'est guère moins illogique. A ces deux questions : 1° Qu'entendez-vous par religion ? — 2° Pensez-vous qu'il puisse exister une morale indépendante de la religion telle que vous la définissez ? — questions proposées par la *Société allemande pour l'éducation morale*[1], il donne une réponse

[1]. Société fondée à l'exemple des *Sociétés morales* des États-Unis. La brochure du comte Léon Tolstoï porte le titre de *Religion und moral* (Berlin, Dümmlers, 1894).

qu'il est difficile de suivre jusqu'au bout. Un problème se pose, dit-il justement, qui dépasse la science et la morale positive : c'est de connaître le rapport de notre existence actuelle et précaire avec le monde infini au sein duquel nous vivons. Le paganisme, poursuit-il, a cherché le sens de la vie, soit dans le bien de la personne, soit dans les relations de l'individu avec la famille, l'État et l'humanité ; le vrai Christianisme le cherche dans le culte du Créateur qui a jeté l'homme sur cette terre. Et, sous le titre de paganisme, Tolstoï range le Bouddhisme, qu'il définit un « paganisme négatif », le Taosisme, le Mahométisme, les formes défigurées du Christianisme, le spiritisme à ses débuts, puis, un peu plus haut, le culte des ancêtres pratiqué en Chine et au Japon, le positivisme. Mais la pensée chrétienne supérieure, conclut-il, tend à dominer : c'est-à-dire celle qui prépare l'homme à servir aux fins de la Volonté qui gouverne l'univers. Cette pensée, d'ailleurs, si elle n'a toute sa portée que dans le Christianisme, a été ébauchée depuis longtemps par les Pythagoriciens, les Thérapeutes, les Esséniens, les Égyptiens, les Perses, les Brahmines, les Taosistes, dans leurs meilleurs représentants. Tout homme, qu'il le veuille ou non, porte en lui une de ces religions, comme il a un cœur ; il est dans une certaine relation avec le monde qui l'environne.

A peine est-il besoin de faire remarquer, et sans méconnaître dans ces vues une part de vérité, combien une pareille distribution des religions est arbitraire. Elle l'est au point que Tolstoï se voit contraint de les dédoubler pour les besoins de sa cause, et il prépare de si loin son Christianisme supérieur, sa parfaite doctrine chrétienne, qu'elle n'est plus absolument une nouveauté. Elle ne saurait l'être, car l'illustre écrivain, en même temps qu'il signale et trace un peu au hasard une sorte d'évolution religieuse, incline de bonne foi au paradoxe de Rousseau et voudrait placer l'âge d'or aux débuts de notre espèce, la sagesse dans les enfants. Nous y venons en effet, et voici que la question s'embrouille.

Affaire de philosophie et de science que votre religion, pourrait-on dire à Tolstoï. Il sent bien l'objection, et veut s'en défendre. Les philosophies, selon lui, sont donc postérieures ; elles n'ont fait que marcher dans le sentier des religions. Plus encore, la religion supérieure a précédé tout le reste ; les simples la portent en eux et la pratiquent. Mais d'où leur vient-elle ? D'une révélation universelle, non écrite en aucun livre, qui éclaire plutôt certaines âmes, comme le soleil frappe directement de ses rayons certaines surfaces des objets.

Tolstoï oublie que toutes les religions furent et sont encore des philosophies, qu'elles ont valu ce que valait leur philosophie, et que la philosophie à son tour ne vaut jamais plus que la science qui la soutient ; il oublie que l'histoire ne connaît pas les moyens artificiels de sa critique, et qu'enfin cette révélation indéterminée, où il prend son point d'appui, reste chose vague, et nous laisse à notre sentiment personnel, au subjectivisme le plus dangereux.

Dans les conflits moraux, par exemple, quelle lumière décidera ? A quel signe reconnaîtrons-nous cette volonté divine, à laquelle Tolstoï déclare que nous devons sacrifier les intérêts de notre famille, de notre cité, de notre patrie ? Un tel signe ne peut se rencontrer, à moins d'accepter une révélation positive, et l'on n'ignore pas que l'auteur de *Ma Religion* dénie à peu près à l'Évangile le caractère divin. Il s'est créé un christianisme à son usage. Voilà le sentiment laissé maître de la vie, l'individu affranchi des devoirs réels qui ont pris corps dans les institutions sociales, toute l'expérience humaine sacrifiée à un idéal lointain, indéfini ! C'est le dernier excès des religions individualistes, qui ont proposé pour fin à chaque homme *son* salut, et la conclusion nécessaire du Tolstoïsme n'est pas une religion, une morale, mais la dissolution des sociétés et l'anarchie.

Ainsi Tolstoï aboutit au même résultat que Nietzsche. Mais Nietzsche y est conduit par un désir immodéré de domination, par le besoin d'exister par soi-même et pour soi-même, et par l'impuissance où il est de découvrir un juste état d'équilibre entre la volonté personnelle et la volonté sociale ; Tolstoï y arrive par l'exagération de la pitié, sentiment profond qui est le correctif de sa doctrine, mais qui n'en fait pas moins son héros aussi impropre aux devoirs sociaux, aussi rebelle aux nécessités de l'existence commune, que l'absence de pitié faisait le héros de Nietzsche.

VIII

M. W. M. Salter [1], un philosophe bien connu aux États-Unis, répondait d'une façon moins brillante, mais plus simplement, aux

---

1. *Die ethische Lebensansicht* (Berlin, Dümmlers, 1894).

deux questions de la « Société pour l'éducation morale ».

Il estime qu'une vue morale doit s'ajouter à la vue scientifique du monde : ces deux vues ne peuvent d'ailleurs se contredire, et notre doctrine de la vie ne saurait jamais non plus faire violence à nos tendances, à nos instincts naturels. Quelle marque cette doctrine doit-elle imprimer à nos pensées, à notre personne intérieure, et, par là, à nos actions? L'essentiel est, selon M. Salter, qu'elle nous porte à faire le nécessaire pour introduire dans le monde plus de justice. La religion aurait pour unique objet de confondre la volonté de Dieu avec le plus haut idéal de l'homme. Une conception religieuse de l'univers, ajoute-t-il, réduite à ces termes, n'altérerait aucunement la science ; elle la complèterait.

Un autre écrivain, M. Chabot[1], — je le choisis un peu au hasard parmi nos derniers philosophes français, — s'est proposé de réconcilier, au moyen de raisonnements qui me semblent bien subtils, l'idée du « beau » avec l'idée d' « obligation », et de lever ainsi la contradiction entre l'ordre « moral » et l'ordre « naturel », sur laquelle se fonde, dit-il, toute morale pessi-

1. *Nature et moralité* (Paris, F. Alcan, 1898).

miste. L'action bonne serait celle qui, « sous la tyrannie du devoir », est conçue, sentie et exécutée comme la plus belle de celles qui étaient possibles. L'homme de bien serait un « artiste » qui n'aurait pas le droit de ne pas l'être.

Je ne m'attarderai point à récuser une analogie dont témoigne le langage, et je ne vois pas d'inconvénient à porter l'assimilation des idées ou des sentiments du beau et du bien dans une sphère supérieure à l'art comme la morale, pourvu qu'on leur laisse leur qualité propre dans l'analyse psychologique[1]. Mais j'aurais à faire des réserves sur cette contradiction de l'ordre

---

1. M. Durand (de Gros), dans un récent ouvrage, *Nouvelles recherches sur l'esthétique et la morale* (Paris, F. Alcan. 1899), envisage la morale comme une branche de l'esthétique, — l'esthétique signifiant pour lui « l'entière science de la sensation et du sentiment ». Mais ceci est affaire de classification, et il ne résulte pas de la distribution systématique indiquée par l'auteur que la science des mœurs ne demeure pas distincte de celle du beau. — Quant aux rapports de l'art et de la morale, c'est une question autre, déjà traitée dans le précédent chapitre. L'art — pour le redire en quelques mots — est directement utile (c'est le point de vue biologique) en tant qu'il favorise l'exercice de facultés naturelles ; il est indirectement utile, en tant qu'il ennoblit l'individu et fortifie les liens sociaux (c'est le point de vue moral), en tant aussi (c'est le point de vue scientifique) qu'il est une manière de connaissance et qu'il nous révèle quelque chose de l'homme et de la nature extérieure. Il demeure néanmoins distinct, et par ses moyens d'expression, par son langage, et par sa fin immédiate, qui est une jouissance spécifique, ou un état affectif, en même temps qu'un plaisir intellectuel.

moral et de l'ordre naturel, dont M. Chabot s'inquiète. Je ne peux voir là que l'expression d'un jugement discutable sur la vie. L'antagonisme de l'idéal et de la réalité, que l'optimiste néglige autant que le pessimiste l'exagère, n'est que relative et apparente, car enfin l'homme est aussi, lui, dans la nature, et l'ordre qu'il conçoit et réalise a donc sa place marquée et sa valeur dans le cours de l'univers.

Cette simple vérité me paraît suffire, qu'on la dise ou non religieuse à la consolidation de la morale. Mais les écrivains d'une certaine école ne répugnent pas seulement à accepter que la morale est une formation naturelle, un produit social, un fait historique; ils veulent encore que l'existence même de la société morale dépende de l'intelligence qu'ils en ont, ou de l'explication qu'ils nous en donnent. Ils affirment hardiment — ce sont les propres paroles de l'un d'eux — que « la destinée de la morale est unie à celle de la métaphysique », — de leur métaphysique. Prétention aussi exorbitante que le serait celle du naturaliste qui ferait dépendre la réalité du monde animal de l'idée qu'il a des types zoologiques, ou celle du chimiste qui subordonnerait la valeur des résultats positifs de sa science à quelque hypothèse singulière sur la constitution des corps.

IX

Suffit-il à la religion — on me permettra d'en dire quelques mots encore — d'une conception générale du monde et de la vie? Une telle conception ne doit-elle pas offrir quelque trait particulier, pour que nous la puissions dire religieuse, et non pas simplement philosophique? L'office même de la religion est-il rempli, quand elle a dicté une morale, et se confond-elle, enfin, avec la philosophie pratique? Autant de questions dont on peut prévoir sans doute la solution dans le futur, en constatant comment elles furent résolues dans le passé.

La religion, — j'en demeure d'accord avec M. Belot[1] contre M. Durkheim, — est bien un fait social, considérée dans ses résultats, dans sa fonction. Mais elle n'est pas le germe d'où seraient sortis l'art, la morale, la science; elle n'a pas déterminé la pensée et l'activité des hommes : elle n'a fait que leur imposer une forme temporaire, variable aussi selon le degré de la culture. Il ne me paraît pas douteux non plus que ces

1. *La Religion comme principe sociologique* in *Revue philsophique*, mars 1900.

fonctions sociales qui sont l'art, la morale, la science, ont, peu à peu, en partie éliminé et en partie résorbé la religion. Quant à affirmer qu'elles la remplaceront complètement, c'est une question autre, qui nous ramène à l'analyse du phénomène religieux, considéré cette fois dans son essence.

Que la religion signifie un acte de l'intelligence et un état du sentiment, qu'elle est à la fois émotion et connaissance, c'est un point sur lequel on ne dispute pas, se réduisît-elle à des superstitions grossières et à des pratiques de sorcellerie. On ne s'accorde pas moins sur le caractère distinctif de cette connaissance, et sur le trait qui marque cet état complexe et variable qu'on appelle l'émotion religieuse. La peur, l'intérêt, l'émotion du beau, l'amour, tels sont les sentiments qui s'y retrouvent toujours au fond : sentiments associés à la croyance en une puissance extérieure dont l'homme dépend, ou en un maître qui reste l'arbitre souverain des créatures, — un maître que l'on craint et l'on révère, que l'on fléchit par des prières et des sacrifices, et qui doit demeurer d'ailleurs vivant et proche, pour être l'objet d'une piété véritable.

Le Chrétien ne conçoit pas la religion sans ce caractère supérieur. « Si le fond de la piété, écrit

M. G. Fonsegrive[1], consiste dans l'amour, la seule religion où la piété se rencontre, c'est assurément le Christianisme. Et qu'est-ce qu'une religion où la piété ne se trouve pas ? Ne serait-ce pas la religion d'où est absente la religion même ? »

Mais la piété ne s'adresse pas seulement à Dieu, au Dieu infini, qui s'éloigne du croyant dans la conception plus large qu'il en a. Elle s'adresse aux médiateurs divinisés, et l'on ne peut pas alors refuser la piété aux Bouddhistes et aux Musulmans, dans la religion desquels le Bouddha et le Prophète occupent à peu près la place que les Chrétiens accordent au Sauveur. Le tentative de remplacer les saints par les grands hommes part du même sentiment; elle ne saurait cependant y satisfaire, car les héros de l'humanité n'apparaissent pas au juste degré d'éloignement et de transfiguration : ils sont trop connus de nous, trop imparfaits, et non assez travaillés par la légende.

Les philosophes qui se sont affranchis de toute religion positive, sans affecter néanmoins d'être irréligieux, jugeront sans doute que la piété propre à leur manière de penser ne comporte

1. *Le Catholicisme et la vie de l'esprit* (Paris, Lecoffre, 1899).

pas la crainte et l'amour, comme les Chrétiens l'entendent. Il se peut donc que l'état de sentiment créé en eux par l'étude scientifique des choses ne soit pas comparable ni équivalente au sentiment religieux ainsi défini ; alors, du moins, la connaissance philosophique, avec l'émotion qui lui est inhérente, serait une autre sorte de religion, dont nous dirons qu'elle suffit à fonder la morale théoriquement, sans décider maintenant quelle forme elle devrait prendre pour devenir une fonction sociale véritable.

Il n'est pourtant pas besoin d'une longue attention pour se convaincre de l'impuissance actuelle d'une pareille religion philosophique, toute louable qu'est notre ardeur à l'édifier. Il s'en faut que la majorité des hommes soit capable de la recevoir ; des différences profondes existent, à cet égard, entre les races historiques aussi bien qu'entre les individus. Les diverses fois attestent d'ailleurs si énergiquement leur vitalité, qu'il serait déraisonnable de les tenir pour non existantes, imprudent surtout d'espérer leur ruine d'une politique violente.

Mais je ne veux pas m'attarder en ces remarques ; elles sont étrangères au sujet de ce livre, et je ne retiens ici que ces deux observations : l'une, que la morale ne se comprend pas sans une doctrine qui la vivifie, malgré la prétention contraire de certains écrivains ; l'autre, qu'une telle doctrine, pour être efficace, s'abritera longtemps encore sous les formes religieuses en vigueur, au moins dans une large partie du monde. Soyons donc très réservés dans nos conjectures, et ne nous faisons point, sur le degré d'avancement de l'intelligence et de la moralité publique, des illusions que l'événement chaque jour dissiperait.

LES DOCTRINES

I

C'est une délicate entreprise que de vouloir marquer en quelques pages le caractère des doctrines et leur distribution, en nous bornant même à l'heure présente et aux écrivains de langue française. On n'est jamais bien assuré d'interpréter correctement une théorie, parce qu'il arrive souvent qu'elle offre plusieurs faces, et tout classement simple risque aussi d'être trop rigide.

Si l'on veut former d'abord un groupe distinct avec les ouvrages de philosophie et de critique religieuse, on y trouvera, soit des catholiques purs, soit des chrétiens protestants, soit de simples philosophes. Ces derniers, tels que MM. Guyau, Strada, Izoulet, abandonnent toute tradition de révélation ; ils s'attachent principalement à définir une conception positive de la vie et du monde, qui puisse être substituée aux théologies anciennes ; ils appartiennent dès lors à une école de philosophie quelconque, avec cette particularité importante qu'ils se préoccupent de la valeur d'émotion et de l'efficacité pratique de leur philosophie.

Les écrivains protestants n'abandonnent pas la tradition chrétienne ; mais, plus ou moins librement, ils l'interprètent, la corrigent ou la justifient. Ainsi font MM. E. Naville, Ch. Secrétan, A. Sabatier, avec beaucoup d'autres[1].

Pour les catholiques purs, auxquels toute critique de fond reste à peu près interdite, ils forment naturellement, en tant que philosophes, le groupe dit des *spiritualistes chrétiens*. Ainsi les abbés Maurice de Baets, de Broglie, C. Piat ; ou encore MM. G. Fonsegrive, M. Blondel, etc. Nos protestants, sans doute, sont aussi des spiritualistes chrétiens ; déjà pourtant M. Sabatier pourrait être rangé parmi les *spiritualistes libres*. Ce groupe a été jadis le plus nombreux : mais la plupart des philosophes qui s'y rattachent encore ont apporté à leur spiritualisme — on le verra par l'exemple de M. Alaux et de quelques

1. MM. Ch. Renouvier et Prat ont des affinités avec ce groupe, assez évidentes en quelques parties de *La nouvelle monadologie* (Paris, A. Colin, 1899).

autres — des modifications qui en font un monisme d'espèce particulière.

Paul Janet, il est vrai, est demeuré dualiste jusqu'au bout. On citerait avec lui M. A. Cros, dont la métaphysique réaliste et substantialiste admet, en même temps que des entités réelles qui sont les « forces » et les « masses », des entités spirituelles, ou « âmes des êtres organisés » : peut-être aussi M. Gourd, qui atteint la réalité divine par la voie de la « dialectique religieuse ». Ce n'en est pas moins un trait marquant de la pensée moderne que l'abandon du dualisme ancien, en vue d'une réduction des choses à l'unité de principe. Cependant les modes de penser d'autrefois se retrouvent en quelque mesure dans les théories monistes d'aujourd'hui, et le monisme nous apparaît assez différent selon qu'il place son objet dans l'*absolu*, qu'il le cherche dans la *substance*, dans le *phénomène*, dans l'*idée*, ou qu'il le ramène à une expression *logique*. J'ai hâte d'avertir encore que je n'accorde pas une valeur exagérée à cette distribution en écoles définies, où certaines philosophies n'entrent jamais exactement, par la raison qu'il n'existe pas au monde deux esprits fabriqués de même sorte ; je ne l'emploi ici que pour mettre un peu d'ordre dans cette revision.

II

Je distinguerai donc, d'abord, un *monisme transcendant*, qui concilie dans l'absolu les contradictions de la connaissance humaine et confond les existences passagères en l'être en soi, sans figure ni attributs possibles. Cet absolu, M. Bergson le découvre dans le sentiment de la liberté ; M. Récéjac l'atteint par la « conscience mystique », qui est aussi un acte de liberté ; M. Strada s'y élève par l'analyse des antinomies.

Le *monisme spiritualiste* ou *substantialiste*, est représenté diversement par MM. Alaux, Thouverez, Gory, etc. M. Alaux[1] ramène la matière à des éléments dynamiques, à des forces qui se concentrent en une force unique : il définit Dieu la « puissance d'être », laquelle se réalise éternellement et réalise les autres puissances secondaires, qui sont les êtres. M. Thouverez[2] proclame l'harmonie du monde et de l'esprit ; il cherche en Dieu la garantie des lois rationnelles, — la réalité de Dieu étant pour lui le grand

1. *Théorie de l'âme humaine* (Paris, F. Alcan, 1895).
2. *Le réalisme métaphysique* (Paris, F. Alcan, 1894).

miracle du monde, que l'homme ne peut comprendre.

Cette dernière manière de voir est assez difficile, en somme, à distinguer du dualisme vrai ; car le dualisme accepte bien les deux mondes de la matière et de l'esprit, mais non sans subordonner l'un à l'autre comme à sa cause et à sa règle. Je le dirai également du dualisme rajeuni de M. L. Ribert, dans lequel l'univers est conçu comme le fruit de l'union intime et indissoluble de la « virtualité indéfinie », partout présente, avec l'innombrable multitude des éléments matériels, partout répandus.

Le *monisme matérialiste, empirique,* ou *phénoméniste*, est suivi expressément par MM. Jules Soury, Letourneau, Pioger, Laffite (avec les positivistes orthodoxes); pratiquement, par M. Ribot. Monisme en ce sens que le phénomène — ou la relation des phénomènes — est la seule réalité considérée, et que l'état de conscience même (le fait subjectif) est rattaché à l'état physiologique (le fait objectif) comme un « épiphénomène » ; agnosticisme aussi, en ce sens que toute explication qui porterait au delà des faits directement saisissables, demeure ignorée ou négligée, ou qu'on lui dénie du moins valeur probante.

Il serait erroné, cependant, de confondre dans tous les cas le phénoménisme avec le matérialisme ancien. M. Ribot, par exemple, accepte franchement, si je ne me trompe, le fait psychique tel qu'il lui paraît être donné dans la réalité présente, sans préjuger contre les possibilités qu'il peut plaire à d'autres de réserver.

Le *monisme idéaliste* s'offre sous les deux aspects d'un *formalisme critique*, avec MM. Renouvier, Pillon et les néo-criticistes, et d'un *dynamisme psychique* avec M. Fouillée. Le trait qui leur est commun, c'est la réduction du physique au psychique, de la matière à l'idée, en quoi ces doctrines diffèrent nettement du phénoménisme empirique ou du matérialisme. Mais elles s'opposent entre elles par la signification différente qu'elles attribuent au fait psychique : ici, catégorie mentale ; et là, « idée-force. » Pour M. Fouillée, le mental est bien le vrai contenu de la réalité, dont le matériel n'est qu'une forme : les idées sont des réalités effectives, parvenues dans le cerveau à un plus haut degré de conscience ; la volonté, partout diffuse dans l'univers, s'intensifie progressive-

---

1. Consulter l'*Année philosophique*, qui paraît à la librairie F. Alcan depuis 1891.

ment jusqu'à devenir en nous-mêmes sentiment et pensée. Il distingue encore, toutefois, le mécanisme du psychisme, et maintient le réalisme des sciences de la nature. M. Pillon n'accepte pas cette situation, qui lui semble contradictoire; il réduit nos concepts de matière, de substance, d'infini en quantité, d'espace, à des « formes » de notre sensibilité et de notre imagination, et subordonne toujours la synthèse mécanique, qui est celle de la science, à la synthèse idéaliste « seule réelle », qui est celle de la philosophie. Le néo-criticisme, enfin, aboutit à un monisme théiste; M. Fouillée, à un monisme panthéiste[1].

Le *monisme logique*, soutenu par M. de Roberty, ne vise pas à rallier la multiplicité phénoménale sous l'unité supposée de la matière, de la vie, ou de l'esprit; il signifie « un état de la conscience scientifique réunissant les membres épars du savoir particulier en un tout compré-

---

1 La forme a un sens bien différent dans la conception monistique de M. Paul Carus, conception dont je n'ai pas à indiquer maintenant la portée morale et religieuse. C'est par la réduction à la forme que s'opère dans cette doctrine la liaison de la nature et de l'esprit; mais les formes constituent ici le caractère essentiel des choses, ce qui les fait ce qu'elles sont. L'énergie et la matière sont une sorte de substratum indifférent, et l'individualité ne se réalise que par les lois de la forme. La conscience même de notre moi, — l'âme, — ne résulte pas d'une identité de substance; elle dépend simplement d'une identité de structure. Il y a une « loi de conservation de la forme ».

hensif et intelligible », — une synthèse qui se fait, synthèse provisoire et variable. Ce monisme veut être néanmoins et reste une conception du monde — du monde complet, vie, esprit, sociétés — une conception « bio-psycho-sociologique. » Idéaliste en ceci, qu'il se présente comme une opération de l'esprit, il serait réaliste toujours et phénoméniste, parce qu'il n'assigne pas pour cela la réalité unique aux formes de l'entendement ou aux états de conscience[1].

III

Si lâche que soit ce classement, l'indication n'en sera peut-être pas sans utilité. Il nous faut, du reste, examiner de plus près certaines situations particulières et marquer aussi d'un trait plus net la doctrine de M. Fouillée.

La conception de l' « idée-force », maintes

---

[1]. Le criticisme Kantien, disons-le en passant, n'emporte pas nécessairement cette conséquence. M. Kurd Lasswitz (*Wirklichkeiten, Beiträge zum Weltverstændnis*, Berlin, Felber, 1900), un ferme tenant de la doctrine kantienne, déclare que l'existence des choses s'impose, puisqu'elles déterminent les processus subjectifs qui les traduisent. L'*ordre des choses*, c'est pour lui l'ensemble des *conditions* qui font que les consciences individuelles s'accordent ensemble ; le sujet et l'objet ne se distingueraient que dans l'acte et par l'acte de *connaître*.

fois reprise par ce philosophe, enferme deux sens assez différents, l'un plus positif, l'autre purement conjectural. Que chaque idée, chaque image mentale, contient toujours quelque élément moteur et agit par suite comme une force, cela est compréhensible, et nul ne refuse de l'admettre. Lorsqu'on parle de la puissance des idées, on n'entend pas dire autre chose ; c'est parce qu'elles tendent à se réaliser, dès qu'elles naissent, ou qu'elles sont déjà l'acte commencé, que les idées « mènent le monde. »

Mais l'idée d'autre part, pour M. Fouillée, c'est « tout état de conscience »: et l'état de conscience est source de mouvement, parce qu'il enferme du « désir ». Le désir est alors le fond de l'acte nerveux; il est l'essence, non pas seulement de l'homme, mais de la nature entière, et l'idée-force, « formule abrégée du processus appétitif », devient enfin le ressort de l'évolution universelle.

On remarquera d'abord que le « processus appétitif » est une sorte d'expression psychologique du principe de finalité, qu'il n'est pas déjà aisé d'entendre[1]. Quant à la valeur expli-

---

[1]. Les philosophes finalistes, écrit Karl Kroman, ne font que « détourner notre attention du problème positif de la science pour nous en proposer un autre beaucoup plus indéchiffrable. »

cative de la formule même proposée par l'éminent auteur, M. Lévy-Bruhl[1] doute, avec d'autres, que la conception des idées forces ait assez de solidité pour supporter le poids du vaste édifice dont on la charge. Il se demande encore si la conciliation de l'idéalisme avec le naturalisme, opiniâtrement cherchée par M. Fouillée, ne s'obtient pas aux dépens de l'intégrité de sa doctrine. Aussitôt que nous la portons hors de la psychologie, où elle a sa véritable valeur, cette doctrine se heurte, en effet, à la résistance prudente du réalisme naïf ; elle apparaît comme une sorte de spiritualisme sans substance, de psychisme sans âme, de vitalisme sans organes ni milieu. L'idéalisme dynamique — et c'est un point de rencontre inévitable — confine alors à l'idéalisme formel de M. Renouvier, selon qui la « monade » et l' « âme » sont « des points de vue de notre imagination pour envisager l'essence individuelle, en elle-même insaisissable. »

IV

M. Bergson[2] tranche hardiment le fil d'attache

1. *The Contemporary Movement in French Philosophy* (*the Monist*, april 1899).
2. *Matière et mémoire* (Paris, F Alcan, 1896).

que M. Fouillée voulait garder avec la réalité. Il cherche un être « virtuel » au delà des faits. Ni sa théorie des corps qui seraient de « simples instruments d'action », incapables de préparer ou d'expliquer la « représentation », ni sa théorie de la « perception pure », de la « mémoire pure » et des « degrés de la conscience », ne me semblent assez claires. A cette thèse courante que la mémoire est une fonction du cerveau et qu'il n'existe qu'une différence de degré entre la mémoire et la perception, nous aurions à substituer celle-ci, toute contraire, que la mémoire n'est pas une fonction du cerveau, mais quelque chose d'autre, et qu'il existe une différence, non pas de degré, mais de nature, entre la perception et la mémoire. Nous devrions établir enfin la « liberté » en quelque région mystérieuse du moi. Mais comment entendre cette liberté, dont on nous affirme que « ses racines plongent pourtant dans la nécessité », et ces états de conscience si « profonds » qu'on ne saurait les atteindre, si « purs » qu'ils s'évanouissent à nos prises? Comment trouver, dans des états qui seraient « intermédiaires entre le rêve et l'action », la solution de l'antique problème des rapports du corps et de l'esprit?

Tandis que M. Bergson asseoit son idéalisme

sur le sentiment de la liberté, M. Izoulet [1] prend position dans le sentiment de la finalité. L'homme, dit-il, est le centre optique des choses, s'il n'en est pas le centre géométrique. Les choses ne sont vues que du dehors dans le mécanisme; elles sont vues du dedans, dans le finalisme. Le « monisme finaliste », c'est la science pénétrée par la religion, la physique pénétrée par la métaphysique, la nature pénétrée par Dieu.

M. Izoulet tente donc un effort louable pour résumer la quantité et la qualité dans notre concept de l'univers. Il reste toujours, cependant, que la finalité que nous imposons aux choses est contredite par le mécanisme que les choses nous imposent à nous-mêmes. Et quel est le sens de ces antinomies que nous rencontrons partout? Est-ce un procédé légitime que d'en régler le jeu de façon à les faire s'anéantir, avec M. Strada [2] dans le sein de l'être « préantinomique », avec M. Cyrille Blondeau [3] dans une « loi de l'absolu » qui ramènerait les contradictions de la connaissance scientifique, toujours relative, à une formule supérieure de la nécessité

---

1. *La cité moderne* (Paris, F. Alcan, 1894).
2. *Ultimum organum, Constitution scientifique de la méthode générale* (nouvelle édition, Paris, F. Alcan, 1896).
3. *L'absolu et sa loi constitutive* (Paris, F. Alcan, 1897).

mécanique, exigée par les besoins de notre intelligence ?

Je ne vois pas le moyen de résoudre ou d'écarter ces antinomies partout présentes, — l'absolu et le relatif, l'infini et le fini, l'un et le multiple, etc., ou dans un autre domaine le plaisir et la douleur, le bien et le mal, etc., — à moins d'en considérer les termes comme de simples positions de notre esprit. Elles correspondent à notre manière de comprendre et de sentir ; elles sont les formes de notre vie affective et de notre vie mentale, les états par lesquels nous prenons conscience de nos rapports avec le monde extérieur. Quand nous transportons hors de nous-mêmes ces conditions de la connaissance et de la sensibilité, nous créons des contradictions factices. Nous ne saurions, il est vrai, ni effacer des choses la marque de notre propre esprit, ni mettre en doute la conformité nécessaire de notre logique avec l'ordre même de l'univers, conformité où nous avons la plus solide assurance de la réalité ; mais nous ne saurions non plus égaler le contenu de notre intelligence au contenu du monde, étant des êtres bornés dans le temps comme dans l'espace, qui ne voient le monde que par parties successives et sous des angles variables, et nous ne pouvons qu'imaginer, sans le réaliser jamais, un état où la conscience du sujet serait l'expression parfaite et complète de l'objet.

V

M. Henri Berr[1] ne reconnaît pas le monisme dans la simple subordination, soit du sujet à l'objet, soit de l'objet au sujet ; seule vraiment moniste est une philosophie où le dualisme apparent se résout de quelque manière en unité. Matérialisme, idéalisme et monisme, seraient ainsi les trois grandes formes du dogmatisme, qui s'opposerait au scepticisme, négation de toute connaissance d'ordre métaphysique. Si pourtant on s'enquiert de quelle manière se fera l'*unification* qui est le besoin de la pensée, on se verra sans doute conduit à distinguer, comme je l'ai fait plus haut, divers types du monisme, — types plus ou moins purs, je l'accorderai sans peine. Un moment arrive toujours où un système ne se suffit plus à lui-même et change de figure. Quels aspects variés offre la doctrine

1. *L'avenir de la philosophie, esquisse d'une synthèse des connaissances fondée sur l'Histoire* (Paris, Hachette, 1899).

la mieux construite ! Quelles secrètes bifurcations dans la pensée du maître, qui jetteront les disciples sur des voies différentes, parfois contraires ! Une même question reparaît constamment devant l'esprit, après qu'on a tenté de si longs efforts pour la résoudre, et la dramatique histoire des luttes philosophiques — on en peut juger par le livre même de M. Berr — n'est pas sans laisser une impression pénible : on croirait voir des ouvriers battant à coups redoublés une muraille, dont aucune parcelle ne se détache, et qui ne rend que du bruit sous le marteau.

Quelle est donc cette philophie de la *Synthèse* que l'auteur propose ? La soudure s'y ferait, si je ne me trompe, par le moyen d'un élément qui serait commun à l'objet et au sujet. Le savoir scientifique, nous dit M. Berr, repose sur cette vérité, que l'objet ne peut être connu que s'il ressemble à quelque degré au sujet ; la science est une application spontanée de la psychologie au non-moi : elle enferme un anthropomorphisme indéniable et inévitable. Mais, jusqu'ici, on ne prouve rien, sinon que les faits se laissent traduire dans nos perceptions et interpréter par notre logique ; — ce qui permet d'induire quelque relation profonde entre les événements de la conscience et ceux du monde extérieur. Est-il possible d'aller plus avant et de préciser cette relation? Nous suffira-t-il aussi, pour concevoir la multiplicité dans l'unité, d'en appeler à « ce quelque chose d'incontestable et de contradictoire, qui est l'expression intérieure, psychologique, de la division dans l'indivis, la *sensibilité* » ? Est-ce bien là cet élément commun, cet instrument de notre synthèse, grâce auquel nous parviendrions à une conception du tout « comme unité où une sensibilité diffuse se détermine en unités sentantes et vivifiantes », à la définition exacte « des rapports, dans l'être, de ce qui est avec ce qui se fait » ?

M. E. Boirac[1], qui professe le substantialisme de Leibniz en l'amendant, affirme la continuité intime et réelle de la substance et de la pensée. Il a des points de contact avec M. Berr ; il s'évertue — c'est un problème analogue — à concilier « la multiplicité des pensées partielles avec la pensée totale ». Cependant tout idéalisme, malgré qu'on en ait, reste embarrassé du phénomène. Si je proclame le phénoménisme, c'est-à-dire la réduction de la substance ou de l'être à de pures modalités phénoménales, un génie malin place devant mes yeux un miroir

---

1. *L'idée du phénomène* (Paris, F. Alcan, 1894).

qui me renvoie ma propre image ; et si je proclame l'idéalisme, la réduction des phénomènes à la pensée pure ou à l'état de conscience, le même génie place devant mes yeux une glace transparente à travers laquelle je vois le monde se peindre. Dans les deux cas, mon essai d'une synthèse échoue devant le dualisme de l'expérience sensible, et j'ai le sentiment que je ne peux échapper aux contradictions de la connaissance que par le secours d'un artifice logique, d'un compromis dont je suis moi-même l'artisan.

V

M. André Lalande[1], lui, accepte franchement le dualisme, qu'il déclare irréductible, de l'esprit et de la matière, et il entreprend de l'étayer par une curieuse théorie de la dissolution. Il rejette la thèse ancienne, selon laquelle toutes choses croissent en dissemblance et en individualité. Ce n'est point le passage de l'homogène à l'hétérogène, de l'incohérence à la cohérence, comme le veut l'évolutionisme spencérien, qui

---

1. *La Dissolution opposée à l'Évolution dans les sciences physiques et morales* (Paris, F. Alcan, 1899).

serait la loi de l'univers ; mais l'indifférenciation, l'assimilation et la dissolution qui en résultent, auraient au contraire la plus grande importance théorique et la plus haute valeur morale.

M. Lalande nous montre donc, avec une ingéniosité confinant parfois au paradoxe, le triomphe de la dissolution : dans l'ordre *mécanique*, où les choses tendent à l'unité, non à la diversité, c'est-à-dire à l'équilibre des températures et à la dissipation de l'énergie ; dans l'ordre *physiologique*, où règne la mort, où la fécondation n'est qu'une différenciation décroissante, où la pensée même hâte l'usure des organismes individuels ; dans l'ordre *psychologique*, où toute grande idée intellectuelle a pour fin dernière de rendre les hommes moins différents les uns des autres et d'affranchir chacun d'eux de son individualité pour l'identifier avec ses semblables ; dans l'ordre *social*, où la diversité est primitive, quoi qu'on en ait dit, — car nous voyons avec le temps se briser les castes, la cité antique, la *gens*, la famille, — où la division même des fonctions, loin de marquer une hétérogénéité croissante, n'est plus qu'une spécialisation temporaire et superficielle, où les croisements enfin, chaque jour plus nombreux et désordonnés, amènent fatalement l'indifférenciation d'hérédité.

Je reprochais jadis à Spencer l'analogie, qui me paraît bien lointaine, établie par lui entre le débrouillement d'une nébuleuse et la division, par exemple, du travail économique. S'il est vrai que Spencer a forcé, en faveur de l'évolution, le lien analogique existant entre les sciences de la matière et celles de l'homme, M. Lalande ne le force pas moins en faveur de la dissolution. Factice est le parallélisme qu'il suppose entre la dissolution mécanique[1] et la dissolution sociale. La mort physiologique n'est pas non plus un phénomène assimilable à l'unification des consciences individuelles, et cette relation ne porte que sur une métaphore.

La plus haute intelligence, conclut l'auteur, tend à l'altruisme, qui est dissolutif; elle contredit ainsi la tendance de la vie physique, qui nous pousse à l'intégration, à l'égotisme. Mais d'abord, il exagère ce contraste, et il assimile trop uniment l'évolution à l'individuation. Puis, le dualisme qu'il professe dépasse singulièrement, à mon avis, l'irréductibilité admise du

---

1. Notons par ailleurs que les principes desquels on déduit la dissipation de l'énergie, ou la perte de mouvement, sont contestables.

fait psychologique au fait physiologique ; cette irréductibilité peut être absolue pratiquement, sans qu'il demeure interdit à la théorie de jeter un pont entre ces deux mondes [1], et M. Lalande lui-même aboutit à une espèce de monisme, puisque, dans la dissolution finale qu'il annonce, s'anéantirait la contradiction inhérente à l'état présent de l'univers. Dissolution, évolution, ne représentent sans doute que des moments du rythme universel, dont la raison dernière échappe à nos calculs. On contestera, d'autre part, les avantages d'une morale déduite de cette philosophie, qui nous achemineriat vers l'extinction, dans une sorte de sommeil mystique, de la conscience et de la vie, alors que nous ignorons vraiment, à n'en juger même que sur l'apparence, « dans quel sens » nous avançons.

VI

Si maintenant — je ne veux pas prolonger ces analyses — on examine ces diverses doc-

1. Je mentionnerai à ce propos le grand ouvrage de Mme Clémence Royer, *La constitution du monde, Dynamique des atomes*, etc. (Paris, Schleicher, 1900), dans lequel l'auteur oppose le monisme dynamique des Ioniens au mécanisme des physiciens modernes.

trines du point de vue particulier de la « connaissance », on remarquera qu'elles se partagent forcément entre ces trois situations, qui sont la transcendance, le subjectivisme, le réalisme naïf.

Pour le monisme transcendant et le monisme spiritualiste, il n'est de connaissance que de l'absolu, — unique garantie des lois rationnelles, — de l'essence éternelle qui est le support des choses particulières. Pour le monisme idéaliste, il n'est de connaissance que du fait subjectif, — appétit, idée, fait de conscience, « catégorie ».

Le monisme phénoméniste et le monisme logique estimeraient plutôt le contraire, jusqu'à traduire le subjectif en objectif : et c'est là le réalisme naïf, mais conscient cette fois de son caractère et de sa nécessité. Le monisme logique n'admet pourtant pas l'irréductibilité du « moi » et du « non-moi », sur laquelle se fondent également le spiritualisme et le matérialisme étroit ; il est idéalisme en ce sens seulement, et non pas à la façon du pur formalisme qui voit dans le monde extérieur un simple produit de l'esprit.

Ce formalisme rigoureux n'est pas recevable, et la critique de Kant, — on me pardonnera de le répéter, — après avoir mis à nu le réalisme naïf, qui prend ce qu'il voit pour ce qui est, nous a laissés finalement dans la position d'être toujours des réalistes naïfs, faute de mieux, en le sachant du moins et en le voulant. Ce sentiment même des conditions de la connaissance marque un progrès véritable : il tempère l'absolutisme des doctrines qui prétendent seules aujourd'hui, si je ne me trompe, à l'empire des esprits, je veux dire le dynamisme psychique d'un côté, forme restaurée de l'idéalisme, de l'autre le phénoménisme et le monisme logique.

VII

Tout système de philosophie, écrivions-nous au début de ce travail, signifie, en somme, une manière personnelle de penser le monde. Il n'est point d'homme doué de quelque réflexion, aux yeux de qui l'univers ne se peigne sous des contours plus ou moins vaguement arrêtés, et il n'en est donc point qui n'appartienne à l'un des types que nous avons essayé de définir.

Quelle conception générale a chance de prévaloir, on ne saurait le dire, et il ne s'agit pas, du reste, de préciser les détails d'une pareille conception, mais seulement d'en montrer le caractère.

Que toute doctrine philosophique demeure forcément hypothétique, c'est un premier point dont il ne paraît pas possible de disputer. Un deuxième point est que l'hypothèse rationnelle du philosophe, — distincte en cela de celle du physicien, — vise un arrangement logique des choses plutôt qu'elle n'introduit un principe nouveau permettant de résumer un plus grand nombre de faits sous une formule unique ; elle est une expression dont la raison peut se satisfaire, sans que pourtant on imagine qu'elle recouvre ou traduit la réalité entière. Le métaphysicien le plus confiant ne peut songer à bâtir une habitation définitive, dont il n'a pas les premiers matériaux, mais à peine un abri temporaire, un fort où l'on tiendra quelques heures, en attendant que l'ennemi ait découvert une poudre assez puissante pour le faire sauter.

Nulle conception enfin, et même la plus compréhensive, — c'est notre troisième point, — ne saurait épuiser jamais la curiosité humaine, ni répondre à tous ses pourquoi. Car si tout est connaissable, comme on le veut, il reste toujours de l'inconnu.

Un long débat, que je n'ai pas à reprendre, s'est élevé sur cette notion de l'*inconnaissable*. M. de Roberty s'y est montré le plus ardent ; il ne se contente pas d'écarter le fantôme ; il dénonce encore les sentiments d'où sortirait l'illusion mentale, qui fait, dit-il, que nous matérialisons notre ignorance et transformons l'inconnu en une sorte de réalité transcendante et intangible.

Y aurait-il vraiment inconséquence à ressentir l'émotion de l'inconnu sans le matérialiser, sans prononcer aucun *ignorabimus* scientifique ? M. de Roberty n'accepte pas cette attitude, qui fut celle de Littré. Je ne sais si personne découvrira jamais le « vaccin » de l'émotion pessimiste qui aurait produit, selon lui, l'agnosticisme, ou religiosité latente. Si elle constitue une maladie de l'esprit, je crains fort qu'elle ne soit incurable. Avec M. Fouillée, qui apportait récemment dans ce débat sa critique judicieuse, je ne vois pas d'inconvénient si grave à la modestie du savant, ni même à la rêverie du philosophe.

CONCLUSION

Il est une considération que j'ai cherché d'abord à mettre en relief dans ce travail : j'y ai rappelé que la méthode constante des sciences est de comparer des faits et des séries de faits l'une avec l'autre, afin de dégager la loi de leurs variations, simultanées ou successives, aussi souvent qu'il est possible de le faire avec quelque sûreté.

Cette considération si simple m'a paru d'une telle importance en sociologie, par exemple, qu'elle permet de ramener à leur juste valeur, si je ne m'abuse, les doctrines adverses qui se fondent, les unes sur l'économie ou sur l'histoire, les autres sur la psychologie. Je me suis appliqué en même temps à définir les faits qui sont la vraie matière de la sociologie, c'est-à-dire à marquer les véritables phénomènes sociaux susceptibles d'être comparés ensemble utilement, et soustraits par leur caractère de masse à l'analyse purement psychologique.

Cette considération de méthode ne vaut pas

moins en psychologie, et la révision ici faite des récents travaux sur l'esthétique a montré également sa valeur dans cette branche d'étude. Elle n'y est pas contestée, d'ailleurs ; elle a donné déjà des résultats précieux, et j'ai voulu marquer plutôt, dans cette partie, l'indifférence théorique des hypothèses où les psychologues prennent leur point de départ, afin de nous affranchir de toute crainte à l'égard des conséquences métaphysiques auxquelles il semble parfois qu'elles conduisent.

Cette dernière remarque se justifie encore par la nature des doctrines en philosophie. Selon moi, un système philosophique ne saurait être qu'un arrangement rationnel des choses, établi en conformité d'une hypothèse ; la valeur de l'hypothèse dépendant, d'une part, de la quantité des faits qu'elle résume, et d'autre part du fondement qu'elle trouve dans l'expérience, sans qu'on puisse attendre aujourd'hui, ni jamais peut-être, qu'elle rallie assez étroitement tous les phénomènes et s'élève au plus haut degré de la certitude.

Reste maintenant à déterminer l'accord possible d'un système logique avec la réalité du monde extérieur. Nous y avons pour unique garantie la solidité et l'étendue de notre base d'induction. Il n'est pas douteux que la sociologie, la psychologie, l'esthétique, la morale, sont en voie d'obtenir des résultats assurés par la méthode qui les fournit dans les autres sciences. Mais les conceptions générales de la philosophie dépassent singulièrement les conclusions de ces disciplines particulières.

Dans le domaine des sciences physiques, les lois dites empiriques répondent certainement à la réalité externe ; elles sont l'expression immédiate des résultats de l'expérience. Les hypothèses rationnelles ont chance d'y répondre également ; elles gardent toutefois un caractère conjectural, en tant qu'elles sont un artifice de l'esprit, en quête de résumer en une formule compréhensive des séries de faits qui ne sont pas toutes connues ou exactement interprétées. A plus forte raison les systèmes de philosophie se présentent-ils comme de simples conjectures ; et tout ce que peuvent espérer les philosophes, c'est que leurs doctrines ne soient pas immédiatement contredites par l'enseignement des sciences spéciales.

La philosophie, on ne saurait le rappeler avec trop d'insistance, ne peut attendre son secours que des sciences positives ; elle ne doit pas céder à l'ambition d'échapper à leur contrôle ou de chercher ses données en dehors d'elles. La logique est un puissant instrument, sans doute, mais elle ne rend jamais que la farine du grain qu'on lui donne à moudre, et la dialectique où l'on dédaigne les faits reste le plus souvent un ingénieux exercice de paresse.

Il est une autre considération dont l'importance ne saurait nous échapper : c'est l'harmonie de l'homme avec la nature que je veux dire. La science serait impossible sans l'accord de notre rythme intérieur avec le rythme des choses, sans la concordance de notre logique avec la raison générale de l'univers. Notre œuvre morale et sociale perdrait aussi toute signification, si elle n'était solidement fondée sur l'ordre universel.

On ne dispute guère sur ces deux points, et ce qui demeure soumis à la discussion, ce n'est pas tant l'hypothèse même d'un ordre dans le monde, que la qualification de cet ordre, ou, d'un seul mot, le jugement que nous portons sur le gouvernement des choses.

Quelque idée que chacun de nous se fasse d'un tel ordre, il est clair du moins que nous y participons. L'homme, on ne saurait trop le dire, est dans la nature ; ses œuvres, donc, y sont aussi et prennnent leur place dans le vaste enchaînement des réalités. Il faut nous pénétrer de cette vérité, qu'à toute créature intelligente, si humble soit-elle, échoit à son tour une part de création. Sur cette vérité presque banale se fonde vraiment la dignité de la science et de la vie. Elle achève la pensée philosophique, et peut suffire, en l'absence même d'une croyance plus explicite, à garantir l'idéal supérieur que réclament notre sentiment et notre raison.

INDEX DES AUTEURS CITÉS

Alaux, 149, 151.
Ammon, O., 26.
Aristote, 16.
Arnoult, L., 81, 112.
Baets, abbé de, 149.
Bain, 52.
Ballet, G., 69.
Baumann, J., 4.
Belot, G., 123, 125, 143.
Bergson, 151, 157.
Bernès, 124.
Berr, Henri, 161, 163.
Bianchi, 69.
Biese, 100.
Binet, 64, 65, 68, 69, 91.
Blondeau, 159.
Blondel, 149.
Boirac, 163.
Bourdon, 64.
Broglie, abbé de, 149.
Broussais, 48.
Buckle, 29.
Cabanis, 48.
Carus, Paul, 154.
Chabot, 140.

Closson, 26.
Combarieu, 96.
Comte, 5, 9, 10, 12, 14, 18, 29, 43, 48.
Coste, Ad., 5, 12, 15, 27, 28, 30, 41.
Cournot, 21.
Courtier, 64, 91.
Couturat, 67.
Croce, B., 113.
Cros, 150.
Darlu, 125.
Darwin, 132.
Dauriac, 73, 97, 109.
Delaunay, G., 81.
Delbet, 122.
Descartes, 91.
Dorison, 102.
Dumas, G., 65, 68, 91.
Dunan, 67.
Duprat, G.-L., 66.
Durand (de Gros), 5, 26, 66, 69, 141.
Durkheim, 9, 12, 27, 28, 30, 38, 49, 143.

Espinas, 34.
Evellin, 67.
Féré, Ch., 66, 81, 90.
Flechsig, 69.
Fonsegrive, 145, 149.
Fouillée, 27, 28, 47, 54, 55, 58, 60, 61, 71, 73, 153, 155, 171.
Geiger, Laz., 108.
Gide, Ch., 123, 125.
Gobineau, 26.
Goblot, 5.
Godfernaux, 65.
Gory, 151.
Gourd, 150.
Grasserie, de la, 5.
Greef, de, 8, 44.
Griveau, M., 84.
Groos, K., 79.
Grosse, E., 107.
Gumplowicz, 30.
Guyau, 102, 111, 120, 122, 134, 148.
Haddon, A. C., 108.
Helmholtz, 95.
Henri, V., 68.
Henry, Ch., 80, 81, 84.
Herbart, 52.
Herder, 29.
Hildebrand, Ad., 87, 89.
Hirth, G., 69.
Hochegger, 108.
Horion, 67.
Izoulet, 41, 148, 159.
James, W., 47, 59, 63, 82, 91, 92.
Janet, Paul, 6, 48, 74, 150.

Janet, Pierre, 66.
Kant, 77, 78, 102, 168.
Kroman, 156.
Lacombe, 27, 110, 112.
Laffite, 152.
Lalande, A., 164.
Lange, 59, 82, 91, 92.
Lapouge, de, 26.
Laschi, 73.
Lasswitz, K., 155.
Le Bon, G., 26, 38, 73.
Lechalas, 67.
Le Dantec, 69.
Lee, Vernon, 82, 87, 88, 90.
Lehmann, 55.
Leibniz, 163.
Letourneau, Ch., 106, 152.
Lévy-Bruhl, 157.
Lewes, 48.
Lichtenberger, H., 132.
Lipps, Th., 95.
Littré, 48, 171.
Lombroso, 73.
Loria, Achille, 32.
Magnus, Hugo, 108.
Malapert, 71.
Marillier, 58.
Marshall, H.-R., 112.
Maumus, le R. P., 125.
Mercier, Mgr., 4.
Mismer, Ch., 26, 43.
Montaigne, 118.
Montesquieu, 29.
Mosso, 68.
Mougeolle, 25.
Münsterberg, 47.
Naville, E., 149.

INDEX DES AUTEURS CITÉS

Nietzsche, 122, 131, 132, 139.
Novicow, 8, 27, 28, 30, 44.
Ossip-Lourié, 114.
Paulhan, 54, 71, 72.
Pékar, 114.
Pérez, Bernard, 71, 73.
Peschel-Loesche, 108.
Philippe, J., 64.
Piat, abbé, 149.
Piazzi, G., 110.
Pillon, 112, 153.
Pilo, Mario, 114.
Pioger, 8, 152.
Pitres, 69.
Platon, 16.
Prat, 149.
Preyer, 73.
Pujo, Maurice, 102.
Ratzel, 26.
Rauh, 52, 58, 60.
Raymond, Lansing, 115.
Récéjac, 151.
Renan, 132.
Renouvier, 149, 153, 157.
Ribert, L., 152.
Ribot, 47, 52, 57, 67, 69, 71, 76, 78, 109, 110, 152, 153.
Richet, Ch., 68.
Roberty, de, 41, 48, 115, 124, 126, 129, 154, 171.
Roisel, 67.
Royer, Clémence, 167.
Sabatier, A., 149.
Saint-Simon, 29.
Salter, W.-M., 139.
Scalinger, 115.
Schellwien, 132.

Schiller, 77, 78.
Schopenhauer, 55, 132.
Séailles, G., 102.
Secrétan, Ch., 149.
Sighele, 73.
Sikorski, 73.
Sollier, 58, 69.
Sorel, G., 76, 82.
Souriau, Paul, 77, 86.
Soury, 152.
Spencer, H., 18, 30, 47, 54, 166.
Spinoza, 52.
Stern, Paul, 114.
Stirner, 132.
Strada, 30, 148, 151, 159.
Stumpf, C., 95.
Sully-Prudhomme, 84.
Taine, 9, 48.
Tanon, 120.
Tarde, 9, 16, 24, 31, 34, 37, 44.
Thiaudière, 128.
Thomson, Arnst., 82, 87, 88, 90.
Thouverez, 151.
Tissié, Ph., 65.
Tolstoï, 122, 131, 135.
Turgot, 29.
Voltaire, 132.
Wagner, le Pasteur, 123.
Wallaschek, 109.
Ward, Lester F., 129.
Weigand, W., 132.
Worms, R., 8.
Wundt, 4, 47.
Xénopol, 26, 35.
Zoccoli, 132.

TABLE DES MATIÈRES

	Pages.
Avant-propos.	V
Qu'est-ce que la philosophie?.	1
Sociologie.	8
Psychologie.	46
Esthétique.	74
Morale et Religion.	117
Les Doctrines.	148
Conclusion.	172
Index.	177

FÉLIX ALCAN, ÉDITEUR
108, BOULEVARD SAINT-GERMAIN, PARIS

BIBLIOTHÈQUE

DE

PHILOSOPHIE CONTEMPORAINE

EXTRAIT DU CATALOGUE

Histoire et systèmes philosophiques.

ADAM (Ch.), recteur de l'Académie de Dijon. — **La philosophie en France** (*première moitié du XIXe siècle*), 1894, 1 vol. in-8. . . . . 7 fr. 50

ALLIER (Raoul), agrégé de philosophie. — **La philosophie d'Ernest Renan**, 1895, 1 vol. in-18. . . . . 2 fr. 50

BOUTROUX (G.), de l'Institut, professeur à la Faculté des lettres de Paris. — **Études d'histoire de la philosophie**, 1897, 1 vol. in-8. . . . . 7 fr. 50

BRUNSCHWICG (E.), professeur au lycée de Rouen. — **Spinoza**, 1894, 1 vol. in-8. . . . . 3 fr. 75

COLLINS (H.). — **Résumé de la philosophie de Herbert Spencer**, avec préface de Herbert Spencer, traduit de l'anglais par H. de Varigny, 1 vol. in-8, 3e éd., 1900.   10 fr. »

HUXLEY, de la Société royale de Londres. — **Hume, sa vie, sa philosophie**, trad. de l'anglais et précédé d'une introduction par G. Compayré, recteur de l'Académie de Lyon, 1880, 1 vol. in-8. . . . . 5 fr. »

JANET (P.), de l'Institut. — **Saint-Simon et le saint-simonisme**, 1878, 1 vol. in-18.   . . . 2 fr. 50

— La philosophie de Lamennais, 1890, 1 vol. in-18   2 fr. 50

LÉVY-BRUHL (L.), maître de conférences à la Faculté des lettres de Paris. — **La philosophie de Jacobi**, 1894, 1 vol. in-8. . . . . 5 fr. »

— **La philosophie d'Auguste Comte**, 1 vol. in-8, 1900. 7 fr. 50

LIARD, de l'Institut. — **Descartes**, 1882, 1 vol. in-8. 5 fr. »

LICHTENBERGER (H.), professeur à la Faculté des lettres de Nancy. — **La philosophie de Nietzsche**, 5e éd., 1900, 1 vol. in-18. . . . . 2 fr. 50

— **Aphorismes et fragments choisis de Nietzsche**, 1899, 1 vol. in-18. . . . . 2 fr. 50

LYON (Georges), maître de conférences à l'École normale supérieure. — **L'idéalisme en Angleterre au XVIIIe siècle**, 1888, 1 fort vol. in-8. . . . . . . 7 fr. 50

— **La philosophie de Hobbes**, 1893, 1 vol. in-18. 2 fr. 50

MARION (H.), professeur à la Faculté des lettres de Paris. — **Locke, sa vie et ses œuvres**, 2e éd., 1893, in-18. 2 fr. 50

OSSIP-LOURIÉ. — **La philosophie de Tolstoï**, 1899, 1 vol. in-18. . . . . 2 fr. 50

— **Pensées de Tolstoï**, 1899, 1 vol. in-18. . . 2 fr. 50

— **La philosophie sociale dans le théâtre d'Ibsen**, 1900. 1 vol. in-18. . . . . 2 fr. 50

PICAVET, docteur ès lettres, professeur au Collège Rollin. — **Les idéologues**, 1891, 1 vol. in-8. . . . . . 10 fr. »

PILLON (F.). — **L'année philosophique**, 10 années parues (1890, 1891, 1892, 1893 (*épuisée*), 1894, 1895, 1896, 1897, 1898, 1899). Vol. in-8, chaque année. . . . . 5 fr. »

— **La philosophie de Charles Secrétan**, 1898, 1 vol. in-12. 2 fr. 50

RIBOT (Th.), de l'Institut. — **La philosophie de Schopenhauer**, 8e édit., 1900, 1 vol. in-18. . . . . . 2 fr. 50

— **La psychologie anglaise contemporaine**, 3e édit., 1901. 1 vol. in-8. . . . . 7 fr. 50

— **La psychologie allemande contemporaine** (école expérimentale), 4e édit., 1892, 1 vol. in-8. . . . . 7 fr. 50

ZELLER. — **Christian Baur et l'École de Tubingue**, trad. de l'allemand par Ch. Ritter, 1883, 1 vol. in-18. 2 fr. 50

FÉLIX ALCAN, éditeur, 108, boulevard Saint-Germain, 108, Paris, 6º.

BIBLIOTHÈQUE DE PHILOSOPHIE CONTEMPORAINE
Volumes in-18; chaque vol. broché : 2 fr. 50 c.

EXTRAIT DU CATALOGUE

H. Taine.
Philosophie de l'art dans les Pays-Bas. 2ᵉ édit.

Paul Janet.
Le Matérialisme cont. 6ᵉ éd.
Origines du social. contemp.
La philosophie de Lamennais.

J. Stuart Mill.
Auguste Comte. 6ᵉ édit.
L'utilitarisme. 2ᵉ édit.
Corresp. avec G. d'Eichthal.

Herbert Spencer.
Classification des sciences.
L'individu contre l'État. 4ᵉ éd.

Th. Ribot.
La Psych. de l'attention. 4ᵉ éd.
La Philos. de Schopen. 6ᵉ éd.
Les Mal. de la mém. 12ᵉ édit.
Les Mal. de la volonté. 12ᵉ éd.
Les Mal. de la personnalité 7ᵉ éd.

Hartmann (E. de).
La Religion de l'avenir. 4ᵉ éd.
Le Darwinisme. 6ᵉ édit.

Schopenhauer.
Essai sur le libre arbitre. 8ᵉ éd.
Fond. de la morale. 6ᵉ édit.
Pensées et fragments. 16ᵉ édit.

H. Marion.
Locke, sa vie, son œuvre. 2ᵉ éd.

L. Liard.
Logiciens angl. contem. 3ᵉ éd.
Définitions géomét. 2ᵉ éd.

Leopardi.
Opuscules et Pensées.

Stricker.
Le langage et la musique.

A. Binet.
La psychol. du raisonnement.

Gilbert Ballet.
Le langage intérieur. 2ᵉ édit.

Mosso.
La peur. 2ᵉ édit.
La fatigue. 3ᵉ édit.

G. Tarde.
La criminalité comparée. 4ᵉ éd.
Les transform. du droit. 2ᵉ éd.
Les lois sociales. 2ᵉ éd.

Ch. Féré.
Dégénérescence et criminal
Sensation et mouvement. 2ᵉ éd.

Ch. Richet.
Psychologie générale. 2ᵉ éd.

A. Bertrand.
La Psychologie de l'effort.

Guyau.
La genèse de l'idée de temps

Lombroso.
L'anthropol. criminelle. 3ᵉ éd.
Nouvelles recherches de psychiat. et d'anthropol. crim.
applications de l'anthr. crim.

Tissié.
Les rêves. 2ᵉ édit.

J. Lubbock.
Le bonheur de vivre. (2 vol.)
L'emploi de la vie. 2ᵉ édit.

E. de Roberty.
L'inconnaissable.
Agnosticisme. 2ᵉ édit.
La recherche de l'unité. 2ᵉ éd.
Aug. Comte et H. Spencer.
Le Bien et le Mal. 2ᵉ édit.
Le psychisme social.
Les fondements de l'éthique.

Georges Lyon.
La philosophie de Hobbes.

Queyrat.
L'imagination chez l'enfant.
L'abstraction dans l'éduc.
Les caract. et l'éduc. morale.

Wundt.
Hypnotisme et suggestion

Fonsegrive.
La causalité efficiente.

P. Carus.
La conscience du moi.

Guillaume de Greef.
Les lois sociologiques. 2ᵉ édit.

Gustave Le Bon.
Lois psychol. de l'évolution des peuples. 3ᵉ édit.
Psychologie des foules. 3ᵉ éd.

G. Lefèvre.
Obligat. morale et Idéalisme.

G. Dumas.
Les états intellectuels dans la mélancolie.

Durkheim.
Règles de la méthode sociolog.

P. F. Thomas.
La suggestion et l'éduc. 2ᵉ éd.
Morale et éducation.

Dunan.
Théorie psychol. de l'espace.

Mario Pilo.
Psychologie du beau et de l'art.

R. Allier.
Philosophie d'Ernest Renan.

Lange.
Les émotions.

E. Boutroux.
Conting. des Lois de la nature.

L. Dugas.
Le Psittacisme.
La Timidité. 2ᵉ édition.

C. Bouglé.
Les sciences soc. en Allem.

Marie Jaëll.
Musique et psychophysiol.

Max Nordau.
Paradoxes psycholog. 3ᵉ édit.

Bordeau.
Par... sociolog. 3ᵉ édit.
Gén... ment. 2ᵉ édit.

De Lanessan.
Morale des philos. chinois.

G. Richard.
Social. et scien. sociale. 2ᵉ éd.

F. Le Dantec.
Le Déterminisme biologique.
L'Individualité.
Lamarkiens et Darwiniens.

Férens Gevaert.
Essai sur l'art contemporain.
La tristesse contemp. 2ᵉ éd.

A. Cresson.
La morale de Kant.

Enrico Ferri.
Les criminels dans l'art et la littérature.

J. Novicow.
L'avenir de la race blanche.

G. Milhaud.
La certitude logique. 2ᵉ éd.
Le rationnel.

Herckenrath.
Esthétique et morale.

F. Pillon.
Philos. de Ch. Secrétan.

H. Lichtenberger.
Philos. de Nietzsche. 5ᵉ édit.
Frag. et aphor. de Nietzsche.

G. Renard.
Le régime socialiste. 2ᵉ édit.

Ossip-Lourié.
Pensées de Tolstoï.
La philosophie de Tolstoï.
La philos. sociale dans Ibsen.

M. de Fleury.
L'âme du criminel.

Anna Lampérière.
Le rôle social de la femme.

P. Lapie.
La justice pour l'État.

Eug. d'Eichthal.
Social. et problèmes sociaux.

Wechniakoff.
Savants, penseurs et artistes.

E. Marguery.
L'œuvre d'art et l'évolution.

Duprat.
Les causes sociales de la folie.

Tanon.
L'évolution du droit.

Bergson.
Le rire.

Brunschvicg.
Introd. à la vie de l'esprit.

H. Bionlel.
Approximations de la vérité.

Mauxion.
L'éducation par l'instruction.

Arréat.
Dix ans de philosophie.

www.ingramcontent.com/pod-product-compliance
Lightning Source LLC
Chambersburg PA
CBHW070415090426

42733CB00009B/1675